La Poussière de Ses Pieds

Tome 1

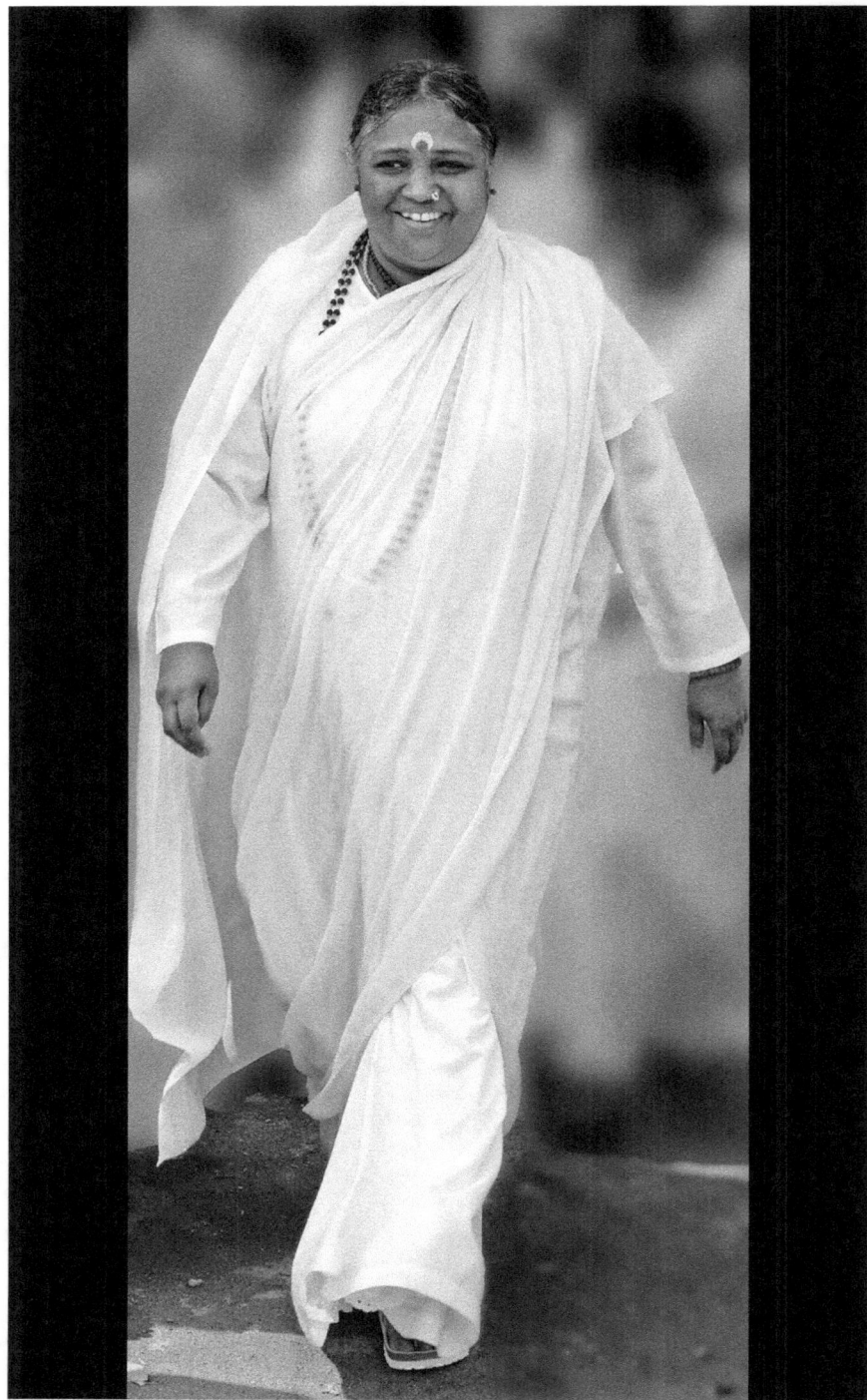

La Poussière de Ses Pieds

Tome 1

Réflexions sur les enseignements d'Amma

Swami Paramatmananda Puri

M.A. Center, P.O. Box 613,
San Ramon, CA 94583, États-Unis

La Poussière de Ses Pieds

Réflexions sur les enseignements d'Amma
Swami Paramatmananda Puri

Publié par :
  M.A. Center
  P.O. Box 613
  San Ramon, CA 94583
  États-Unis

––––––––––––––– *The Dust of Her Feet 1 (French)* –––––––––––

Copyright © 2016 du Mata Amritanandamayi Center, P.O. Box 613, San Ramon, CA 94583, États-Unis

Première édition : avril 2016

En France :
  www.ammafrance.org

En Inde :
  inform@amritapuri.org
  www.amritapuri.org

TABLE DES MATIÈRES

DÉDICACE

Salutations à
Sri Mata Amritanandamayi Dévi,
La Mère universelle,
Qui chasse la misère du monde,
Celle qui dissipe les ténèbres
Qui enveloppent ses dévots et se révèle comme
La Conscience éternelle qui réside dans le cœur,
Qui brille en tant que Vérité transcendantale,
Support de ce monde et de l'au-delà.

PRÉFACE

Depuis 1968, Swami Paramatmananda Puri a mené une vie de renoncement en Inde, où il est venu vivre à l'âge de dix-neuf ans dans le but d'assimiler l'essence spirituelle de cette grande et antique culture. Au fil des années, il a eu la bonne fortune de vivre auprès de nombreux sages et saints et c'est en 1979 qu'il a rencontré son guru, Mata Amritanandamayi.

Lors de sa première rencontre avec Amma, Swami lui a demandé comment il devait continuer sa sadhana (ses pratiques spirituelles). Amma a répondu : « Deviens pareil à la poussière que tous foulent sous leurs pieds. » De là vient le titre de ce livre. Comme il était un de ses anciens disciples, Amma lui a ensuite demandé de retourner aux États-Unis pour la servir en dirigeant son premier ashram en Occident, le Mata Amritanandamayi Center en Californie. Il y est resté de 1990 à 2001.

De nombreux résidents et visiteurs du Centre se rappellent encore les satsangs de Swami comme de grands moments. Il y parlait de ses expériences en Inde, de l'enseignement d'Amma et des Écritures comme il les comprenait, ainsi que de sa vie sur le chemin spirituel. Avec esprit et humour, il a fait une synthèse entre l'Orient et l'Occident et créé un forum où l'on peut apprendre la spiritualité, d'où que l'on vienne. Depuis son retour en Inde en 2001, Swami n'a plus donné de satsangs en public. Parmi les enregistrements effectués, un grand nombre n'ont pas encore été publiés. Ce livre s'efforce de transmettre au public une partie de ce corpus ainsi que quelques articles écrits après son retour en Inde.

L'éditeur
M. A. Center
1er septembre 2014

Un modèle incomparable

Que gagne une bougie à se consumer ? Rien. Son existence consiste à donner la lumière aux autres. Les arbres aussi vivent pour les autres. Ils supportent la chaleur du soleil pour donner de l'ombre à ceux qui se reposent sous leur feuillage. S'il s'agit d'un arbre fruitier, il produit des fruits que d'autres consomment. L'arbre offre même son corps à ceux qui le coupent afin de faire du feu ou de construire. Pour la plupart des humains, il est inconcevable de mener une vie aussi pleine d'abnégation. C'est l'égoïsme qui prédomine en nous mais il existe quelques âmes, très rares, qui vivent dans l'abnégation complète, et dont la vie est surhumaine.

Ils ne viennent au monde que pour mener les autres à l'état de béatitude dans lequel ils sont établis. Leur vie n'est qu'un long sacrifice. Ils sacrifient leur temps, leur énergie, leur liberté, leur repos, leur santé et leur intimité pour nous donner la paix intérieure et nous montrer comment atteindre cet état de conscience.

Au départ, il se peut qu'ils exaucent nos désirs et fassent disparaître nos souffrances et nos peurs, mais en définitive, leur but est de nous éveiller du long rêve de *maya* (l'illusion), et de nous faire accéder à l'existence dans l'*Ātma* (le Soi). Cela exige peut-être un très long investissement de temps et d'énergie, mais c'est le seul but de leur vie. Cette idée peut paraître abstraite jusqu'à ce que l'on rencontre un être comme Amma. Il est très rare que de tels êtres viennent en ce monde et nous avons une chance extraordinaire, inconcevable, d'avoir un lien avec elle. Amma est le modèle de ses innombrables dévots. Il est difficile d'imaginer qu'il ait jamais existé dans l'histoire de l'humanité un modèle comparable, et ses qualités sont tellement inégalables que nous ne pouvons pas espérer l'imiter, pas même de manière infinitésimale. Mais nous pouvons nous efforcer de développer certaines de ses qualités, si peu que ce soit. L'une des plus évidentes est l'abnégation. La vie d'Amma est l'expression d'une constante abnégation.

Aucun effort n'est vain

« Ce qui est naturel chez un *mahatma* doit être cultivé par les autres, » dit le proverbe. Si nous le faisons, nous serons peu à peu en harmonie avec l'état de conscience du *mahatma*, nous serons sur la même fréquence. Nous goûterons la même béatitude et la même paix. Certes, le fossé qui sépare notre état actuel d'égoïsme de leur état d'abnégation totale est grand, mais il est possible de le franchir.

Malheureusement, chez la plupart des gens que nous rencontrons et fréquentons, on trouve peu de qualités dignes d'émulation, et nombre d'entre nous en développent de mauvaises par le biais de leurs fréquentations. Mais si, ayant établi une relation bénéfique, nous faisons le moindre progrès sur la voie spirituelle, il ne sera jamais perdu.

Comme le dit Sri Krishna dans la *Bhagavad Gita:*

« Dans ce yoga, aucun effort n'est vain et il n'y a jamais de résultat défavorable. La mise en pratique, même minime, de cette discipline (*dharma*), libère d'une grande peur (peur du *samsara*). »

—Ch. 2, v. 40

Une vieille femme meurt et son âme est emmenée devant le Juge de la Mort, Yama. C'est à lui de peser les bonnes et les mauvaises actions accomplies par cette femme pendant sa vie. Il constate que la seule bonne action qu'elle ait faite, c'est d'avoir donné avec dédain une carotte à un mendiant affamé.

La carotte est aussitôt convoquée comme témoin. On demande à la femme de s'en saisir ; cette carotte se met à monter vers le Ciel et l'emporte avec elle.

C'est alors que le vieux mendiant apparaît. Il attrape l'ourlet de son vêtement, et le voilà entraîné dans cette ascension. Beaucoup d'autres âmes le suivent et s'élèvent vers le Ciel, grâce au mérite acquis par le don de cette seule carotte. La femme regarde soudain sous elle et découvre la chaîne d'âmes accrochées à elle. Elle leur crie : « Eh vous autres, lâchez prise ! C'est *ma* carotte ! » Sans y prendre garde, elle accompagne ses paroles d'un geste de la main pour les chasser ; ayant lâché la carotte, la pauvre femme dégringole avec toute sa suite !

La louange est notre ennemie

Les êtres tels qu'Amma ne se conforment pas aux opinions des autres ; peu leur importe qu'on les encense ou qu'on les critique.

Amma le formule ainsi : « Je n'ai pas besoin de certificat ! » Les *mahatmas* savent parfaitement ce qu'ils sont et qui ils sont, ils y sont toujours fidèles. Si quelqu'un les critique, ils se livrent à l'introspection pour voir si la critique est fondée ; ensuite, soit ils l'ignorent, soient ils se corrigent. Ils savent que tout ce qui arrive est le fruit de la Volonté universelle. Comme ils lisent dans le cœur de tous les êtres et connaissent leurs pensées, les éloges n'ont aucune influence sur eux.

Le verset suivant a été composé au 16ème siècle par un saint du nom de Swami Sadasiva Brahmendra:

> « Un homme a beau considérer le monde comme un fétu de paille et tenir dans sa main toutes les Écritures sacrées, il lui est difficile d'échapper à la servitude s'il cède à la vile Flatterie, cette prostituée. »

Quand il est devenu *sannyasi*, il était moine itinérant et se déplaçait, absorbé dans son propre Soi. Un jour, alors qu'il se reposait dans un champ, une brique sous la tête en guise d'oreiller, des passantes commentèrent : « Quel drôle de *sannyasi* ! Il lui faut encore un oreiller ! » Quand elles revinrent, le *swami* jeta la brique en les voyant arriver. Les femmes observèrent : « Quel drôle de *swami* ! Il se soucie encore de l'opinion des autres. » Si les éloges et les critiques nous influencent, nous sommes forcément perdants.

Quand il était petit, Benjamin Franklin passait devant l'atelier d'un forgeron pour aller à l'école. Et un enfant qui voit quelque chose d'intéressant s'immobilise et se laisse complètement fasciner. Ben regardait un jour le forgeron faire un travail difficile : il aiguisait ses outils sur une meule. Voyant que le petit garçon était si intéressé, le forgeron l'appelle : « Hé, viens donc par ici. Tu es un bon petit ; est-ce que mon atelier te plaît ? Je vais te le faire visiter. » Et il lui fait faire le tour de

l'atelier, lui montre tout et lui dit : « Où vas-tu donc ainsi ? »
« Je vais à l'école. »

« Oh, mais tu es un bon petit garçon, un enfant très intelligent. Tu ne peux pas m'aider ? Je suis certain que tu pourrais
m'aider à affûter mes outils, juste un petit moment, tu es vraiment un bon petit ! »

Quand on flatte ainsi de petits enfants innocents, ils sont
prêts à tout. Alors Benjamin s'est senti obligé de l'aider et il a
accepté. Qu'a fait le forgeron ? Il lui a donné la meule à aiguiser
les outils. Au bout d'une heure de labeur épuisant, Benjamin
avait la sensation que les bras allaient lui tomber du corps. Il
se disait : « Je dois aller à l'école ; il se fait tard ; que va-t-il
m'arriver ? »

Il dit au forgeron : « Ecoutez, je ne peux pas rester plus
longtemps. » Mais celui-ci réplique : « Oh, mais tu es certainement le garçon le plus doué, le plus intelligent de ta classe.
Même si tu arrives en retard, cela ne fait rien. Je suis sûr que tu
réussiras tous tes examens, tu n'as même pas besoin d'étudier.
Je n'ai jamais rencontré un aussi bon garçon ; tu sais utiliser la
meule comme personne. »

Ben avait l'impression que ses bras étaient des chiffes
molles, mais il a cédé et a terminé le travail ; puis il a couru
à l'école. Le directeur l'a battu à coups de canne. Quand
un enfant se conduisait mal, voilà ce qui lui arrivait ; c'était
l'époque des punitions corporelles. Par la suite, Ben a décidé
que plus jamais il ne prêterait attention aux éloges de qui que
ce soit. C'est peut-être de là que vient le proverbe : « Celui qui
chante tes louanges a sans doute une hache à affûter ! »

Au bout d'un certain temps passé auprès d'Amma, il peut nous sembler que les autres nous critiquent pour des erreurs que nous n'avons pas commises, alors que nous n'avions jamais eu ce genre de problème auparavant. En fait, c'est ce que j'ai vécu pendant des années. Sans nul doute, cela m'a montré à quel point j'étais affecté par l'opinion des autres.

Finalement, sans raison apparente, Amma m'a un jour demandé si j'étais toujours contrarié quand on me critiquait. Quand Amma pose une question, il faut y répondre avec une honnêteté absolue car elle voit toutes nos pensées comme à travers une vitre. Si on ne lui dit pas la vérité, c'est le fait d'un manque de confiance et d'abandon de soi, d'un attachement à l'ego.

J'ai réfléchi à la question et j'ai répondu : « Oui, encore un peu. » Ensuite, les problèmes ont semblé moins fréquents. Il me semble que nous avons tous certaines faiblesses à surmonter si nous voulons progresser spirituellement. Amma crée les circonstances nécessaires pour nous permettre de le faire. Il est important de développer un état d'équilibre intérieur qui ne soit pas affecté par les louanges ou les critiques. Un tel état est propice à l'expérience de l'*Ātman* ; efforçons-nous donc de cultiver l'équanimité.

La fierté du sage Narada

Le grand sage Narada tirait fierté de son habileté à jouer de la *vīna* (luth indien). Comme Amma le fait pour ses dévots, le Seigneur Krishna a voulu l'aider à surmonter cette faiblesse. Il a donc invité les plus grands musiciens à Dwaraka, sa résidence.

Narada a répondu à l'invitation et Hanuman, lui, s'est présenté déguisé en singe ordinaire.

Krishna demanda à Narada de jouer de la *vīna* et celui-ci donna un récital merveilleux ; toute l'assistance apprécia le talent musical du grand sage, et tous l'applaudirent vigoureusement, à l'exception du Seigneur. A la fin du concert, Krishna demanda à Hanuman : « Ô singe, que penses-tu de la musique de Narada ? »

Narada reçut ces paroles comme une grave insulte. Déprimé, il baissa la tête. Krishna lui demanda : « Ô Narada ! Pourquoi as-tu l'air si abattu ? » Narada garda le silence quelques minutes avant de répondre : « Ô Seigneur ! Il y a dans cette assemblée tant de musiciens de talent, et tu m'as couvert de ridicule en demandant l'opinion d'un singe qui ignore tout des rudiments de la musique. J'en suis profondément blessé. »

Krishna dit : « Cher Narada, ne sois pas offensé. S'il te plaît, donne ta *vīna* à ce singe. Voyons si c'est un artiste, voyons s'il sait jouer ou non. » Encore plus contrarié, Narada marmonna quelques paroles. Krishna lui demanda : « Narada, que murmures-tu ? Dis-le moi je t'en prie. »Narada répondit : « Cet instrument est très délicat. Il m'est très précieux, aussi précieux que la vie. Si je le prête à ce singe, il va le détruire complètement. »

Le Seigneur répliqua : Ne crains rien, Narada ! Donne-lui la *vīna*. J'en prends la responsabilité. » A contrecœur, Narada confia son instrument au singe. Hanuman, lui, ne fut pas affecté le moins du monde par les paroles insultantes du sage. C'était un *mahatma* d'une parfaite équanimité et doté d'une

grande maîtrise de lui-même. Le Seigneur l'invita à jouer :
« Allons, singe, écoutons ta ravissante musique. »

Hanuman chanta le « Ram-Nam » avec une dévotion
intense, tout en jouant de la *vīna*. Sa musique surpassait celle de
Narada. Les auditeurs étaient captivés, enchantés. La musique
d'Hanuman fit même fondre les pierres. Tout le monde le com-
plimenta et Narada ne demeura pas en reste. Krishna dit : « Ô
Narada, je suis heureux de voir que toi aussi, tu as apprécié la
musique du singe ; elle est vraiment d'une beauté stupéfiante ! »

Narada baissa la tête, honteux, et tomba aux pieds du
Seigneur en disant : « Ô Seigneur, pardonne-moi. Comment
puis-je juger des mérites d'autrui ? Tu es omniscient. Toi seul
es capable de juger. »

Quand Narada essaya de reprendre son instrument, il
découvrit qu'il ne pouvait pas le soulever du sol. Il en appela
au Seigneur : « Ô Seigneur ! Je ne peux pas soulever ma *vīna*.
Le singe m'a joué un tour. Permets que je la reprenne. »

Krishna répondit : « Voyons si d'autres réussissent à la
soulever. »Tout le monde essaya, mais en vain. Le Seigneur
demanda alors aux autres musiciens s'ils connaissaient la cause
de ce phénomène.

Un musicien d'une grande habileté remarqua : « La pierre
sur laquelle la *vīna* était placée a fondu sous l'effet de la musique
du singe et l'instrument s'est légèrement enfoncé. Quand la
musique s'est arrêtée, la pierre a durci de nouveau et la *va* est
restée prise. » Krishna invita alors Narada à jouer : « Narada,
joue, pour faire fondre la pierre et reprendre ta *vīna* ! »

Narada chanta, chanta, mais tous ses efforts furent vains.
Krishna invita ensuite Hanuman à chanter et à jouer. En

quelques minutes, la pierre fondit. Humilié, Narada reprit son instrument. C'est alors qu'il comprit que tout cela avait été orchestré par le Seigneur pour le libérer de son orgueil. Il apprit que le singe n'était autre qu'Hanuman, le grand dévot. Il le serra dans ses bras avec beaucoup d'affection et s'excusa de son comportement.

C'est ainsi que la fierté musicale de Narada fut anéantie et qu'il devint un homme meilleur. Il arrive que le Seigneur se moque de ses dévots, mais c'est simplement pour faire disparaître leur ego. Chez un être humain, l'orgueil est le plus grave des défauts. Les meilleurs y succombent. L'orgueil gâte tout ce que nous avons pu accomplir. Il corrompt toute notre vie, quels que soient nos talents, nos victoires et nos succès, comme une tache noire gâche irrémédiablement une feuille de papier blanc immaculé. Soyons donc prêts à renoncer à l'orgueil en cultivant l'humilité, avec la grâce du guru.

CHAPITRE 2

Sommes-nous prêts pour le Védanta ?

En ce qui concerne l'étude des Écritures, Amma dit : « Dans l'idéal, un *sadhak* devrait consacrer la plus grande partie du temps au *japa* et à la méditation. S'il s'adonne de manière excessive à l'étude des Écritures, cela l'empêchera de s'asseoir et de méditer. Il pensera : « Je suis Brahman ; pourquoi donc méditer ? » Même s'il tente de s'asseoir en méditation, le mental ne le lui permettra pas et l'obligera à se lever. La connaissance des Écritures engendre le désir de changer les autres. Mes enfants, qu'allez-vous gagner en consacrant toute votre vie à l'étude des Écritures ? Pour connaître le goût du sucre, personne n'en mange un sac entier. Une pincée suffit. »

Amma pense toutefois que les chercheurs spirituels devraient étudier les textes du Védanta, c'est à dire les *Brahma Sutras*, les *Upanishads*, certaines œuvres de Sankaracharya, etc. Ces livres enseignent la philosophie de l'*advaita*, la non-dualité, que l'on peut résumer ainsi : « L'univers, Dieu et toi ne font qu'un, un tout sans division, la Conscience absolue. » Ces textes présentent cette sublime vérité de différentes manières ; ils donnent de nombreux exemples et sont émaillés d'histoires.

Il peut paraître étrange que même des débutants apprennent la plus élevée des philosophies. Traditionellement, le Védanta ne doit être enseigné qu'à ceux...

> « ...qui sont aptes à recevoir cet enseignement : tous leurs péchés (actions adharmiques) ont été brûlés par les austérités pratiquées pendant des vies, leur mental est devenu pur, leur intellect distingue le réel de l'irréel, ils sont indifférents aux plaisirs de ce monde et à ceux de l'au-delà, maîtrisent le mental et les sens, contrôlent leurs passions, ils ont renoncé à l'action comme à un fardeau inutile, leur foi est ferme et leur esprit tranquille. »
>
> –Advaita Bodha Deepika

Si nous examinons la liste de ces qualités, il est évident que la plupart d'entre nous ne sommes pas qualifiés pour recevoir cet enseignement. Alors pourquoi Amma veut-elle que nous apprenions le Védanta de la manière traditionnelle ? C'est qu'il faut d'abord comprendre intellectuellement quel est le but ultime de l'existence humaine et comment l'atteindre. Une fois que nous avons assimilé cet évangile de la vérité suprême, il restera gravé dans notre subconscient, même si nous n'y pensons pas. Il est essentiel pour nous d'avoir une idée claire du but réel de la vie. Ce devrait être le fondement de notre vie.

Le fait de comprendre, au moins intellectuellement, l'expérience d'Amma, nous permettra de retirer le maximum de bienfaits de notre lien avec elle. Le but ultime de sa vie, en tant que guru ayant réalisé le Soi, est de nous guider vers l'état de Paix infinie qui est le sien. Si nous comprenons la véritable fonction de notre relation avec elle, le processus est plus rapide.

Afin d'expérimenter les bienfaits des vérités énoncées par le Védanta, il faut d'abord se concentrer sur la Réalité. La Réalité ultime, Dieu, le guru, le Soi, Brahman, est extrêmement subtile. C'est pourquoi on recommande différentes pratiques dévotionnelles, qui ont pour but de rendre le mental subtil et de le fixer. Les chants dévotionnels, le *japa*, la méditation et la prière en font partie. Peu à peu, le mental se concentre et se retire des objets extérieurs, des pensées. Nous atteignons la concentration sur le Divin. Mais si l'on étudie le Védanta sans dévotion et sans guru, il peut arriver de drôles de choses !

Les perversions du Védanta

Au départ, il n'y avait pas de cours de Védanta à l'ashram ; Amma a donc envoyé un des garçons qui y vivaient dans une autre institution, pour qu'il étudie les Écritures puis revienne enseigner aux futurs résidents. Mais quand il a entendu dire qu'il était Brahman, il a décidé qu'il n'avait plus besoin d'écrire à Amma, et il a cessé de le faire. Amma a compris ce qui se passait. Elle n'a pas besoin de lettres pour connaître nos pensées. « Maintenant, il pense qu'il est Brahman et qu'il n'a plus besoin de moi, » a-t-elle dit. Et elle lui a écrit la lettre suivante :

> « Fils, si tu écris le mot « sucre » sur un bout de papier
> et que tu le lèches, le goût sera-t-il sucré ? Ton Brah-
> man aussi est un Brahman en papier »

Il était une fois une femme qui avait l'habitude, une fois son mari parti au travail, d'aller au temple voisin écouter des enseignements spirituels sur le sens profond des Écritures telles que le *Srimad Bhagavata* et le *Ramayana*. Le *pandit* (érudit) expliquait que Krishna symbolise le Soi divin et que les *gopis*, ses amies d'enfance, sont les différents nerfs qui parcourent le corps et prennent vie grâce à son contact. Le Seigneur Rama est Dieu, Sita est l'âme individuelle ; Ravana est l'ego, ses dix têtes représentent les dix organes des sens. Le Gange, la Yamuna et la rivière Sarasvati sont la *kundalini shakti* en chacun de nous, etc.

En écoutant ses interprétations, la femme se prend à songer : « Tout est en moi. Pourquoi donc m'embêter à remplir toutes ces obligations : me lever à quatre heures du matin, prendre une douche, faire une puja et tous ces rituels ? » Et elle décide d'arrêter. Le lendemain, elle dort jusqu'à sept heures, puisqu'elle a abandonné tous ses devoirs matinaux. Son mari, déjà levé, découvre qu'il n'y a pas d'eau préparée pour sa douche. Il va la trouver dans son lit et crie :

« Où est l'eau pour ma douche ? Depuis vingt ans que nous vivons ensemble, chaque jour, tu as préparé de l'eau pour moi. Aujourd'hui, il n'y en a pas. Est-ce que le puits est à sec ? Es-tu malade ? »

En baillant, elle se retourne et lui dit : « Le Gange, la Yamuna et la Sarasvati sont en toi sous la forme de la *kundalini shakti*. Tu peux y puiser ton eau. » Il comprend son faux état spirituel et se dit qu'il doit réagir. « Oh, je vois, répond-il, tu es arrivée à un niveau très élevé de spiritualité. Je ne crois pas que tu vas pouvoir cuisiner aujourd'hui ; j'irai au bureau plus tard, je vais faire la cuisine. »

Elle se rendort et le mari prépare le petit déjeuner. Mais dans la portion de sa femme, il met une triple quantité de piments ; puis il cache tous les récipients contenant de l'eau et enlève le seau du puits. Ensuite il appelle sa femme pour le petit déjeuner. Elle mange puis, consumée par la soif, elle court partout pour chercher de l'eau. Elle se précipite vers le puits, mais le seau a disparu. Puis elle cherche les jarres d'eau, mais il n'y en a pas. Elle s'écrie : « Où est l'eau ? Où est l'eau ? Je meurs de soif ! »

En souriant, son mari lui répond tranquillement : « Le Gange, la Yamuna et la Sarasvati sont en toi. Pourquoi ne bois-tu pas cette eau ? » Elle comprend son erreur et sans oublier les vérités spirituelles qu'on lui avait enseignées, elle ne les a plus jamais appliquées ainsi à sa vie quotidienne.

« Garde l'advaïta dans le cœur. Ne le pratique pas dans
  tes actions. Même si tu l'appliques aux trois mondes,
  Ô fils, il ne faut jamais l'appliquer au guru. »

–Tattvopadesa, v.87, Sri Sankaracharya

Amma et tous les sages du passé disent que la seule étude des Écritures ne peut pas nous donner l'expérience du Soi. La *sadhana*, seule, purifie le mental de ses pensées en apparence sans fin et ouvre la voie à l'expérience. La *sadhana* inclut tout ce qui concentre le mental agité sur la Vérité.

« Les Écritures sont des panneaux indicateurs, des aiguilles qui pointent vers le but. C'est leur seule utilité. L'image d'un cocotier ne donnera jamais de noix de coco. Il ne suffit pas de dessiner le plan d'une maison pour y vivre. Il faut la construire ; ensuite seulement, on peut l'habiter. Les Écritures sont pareilles à l'image ou au plan. Nous devons travailler pour atteindre le but. »

Amma insiste sur la pratique de la méditation. D'abord, qu'est-ce que la méditation ? Certains d'entre nous ont peut-être lu les *Yogas sutras* de Patanjali. Ce livre contient un des systèmes de pensée les plus scientifiques et les plus analytiques connus. Il ne se préoccupe pas de la science de la matière, mais de la science du contrôle du mental. Pour ceux qui désirent une paix intérieure durable, c'est la connaissance la plus précieuse qui soit.

Il commence par définir les fondements du yoga :

> « Le yoga est la suppression des modifications du mental. Alors celui qui voit réside en lui-même. Sinon, il prend la forme des vagues de pensées. »

> –Ch. 1, v. 2-4

Qui est celui qui voit ? C'est le sujet en chacun de nous, celui qui dit : « je ». D'ordinaire, il s'identifie au corps et au mental. Grâce au contrôle des pensées, cette identification cesse et ce qui reste, c'est notre nature réelle, le pur « Je ». Cela paraît très simple, et c'est simple, mais la complexité infinie du mental n'est pas facile à gérer. En matière de pratique spirituelle, « simple » et « facile » sont deux choses différentes.

Pourquoi contrôler le mental ?

Mais pourquoi maîtriser le mental ? Amma nous répète inlassablement que sans cela, nous ne trouverons jamais le vrai bonheur. Il faut que le mental devienne tranquille, que nous goûtions la paix qui découle du contrôle de soi. Même si tous nos désirs sont comblés, que nous avons une femme ou un mari merveilleux, des enfants, un bon travail, une assurance vie et une assurance maladie, un gros compte en banque, etc., etc., la paix que nous retirons de tous ces objets du monde est très fragile ; elle peut se briser à tout moment.

Imaginons que nous soyons ruinés, que la bourse baisse, que l'inflation augmente, que nous ayons un accident, que nous tombions malades ou que nous perdions des êtres chers... Tout peut arriver, à tout moment. Si notre paix se fonde uniquement sur les choses et les circonstances extérieures, nous sommes comme « un oiseau perché sur un rameau sec qui peut casser à tout moment » ; son support est précaire.

Amma nous dit que pour trouver la paix, il vaut mieux rendre le mental fort plutôt que de dépendre des autres et des objets du monde. Le seul moyen d'y parvenir est de méditer et d'y ajouter d'autres pratiques spirituelles ; il n'y a pas d'autre voie.

Au niveau de la matière, nous connaissons bien la force de gravité. Il existe une force similaire, appelée *maya*, qui tire le mental et les sens vers le monde extérieur. Cette force cache également à notre intellect notre nature réelle et nous fait croire que nous sommes le corps et le mental. Voilà pourquoi nous croyons que le bonheur est à l'extérieur de nous et non en nous. Dans le sommeil profond, nous avons un petit aperçu de ce bonheur intérieur ; là, il n'y a ni conscience du corps ni conscience du monde, seule règne la paix. Dans notre état ordinaire, les désirs se succèdent, dans une quête incessante du bonheur et de la paix.

Quand nous satisfaisons un désir, nous sommes heureux et en paix pendant quelque temps, mais peu à peu, la joie de la nouveauté disparaît et un autre désir surgit. Telle est la nature de *maya* : elle nous tire toujours dans la mauvaise direction et nous éloigne de notre Soi. C'est comme la carotte proverbiale accrochée devant le bœuf qui tire le chariot. Chaque fois qu'il y goûte un peu, on la lui enlève et ce manège se reproduit, vie après vie. Jamais le bœuf n'attrape la carotte.

« Le bonheur qui provient des plaisirs du monde n'est qu'un infime reflet de la béatitude infinie qui existe dans votre Soi, » dit Amma.

Et Socrate : « Si vous n'obtenez pas ce que vous voulez, vous souffrez ; si vous obtenez ce que vous voulez, vous souffrez ; quand vous obtenez exactement ce que vous voulez, vous souffrez malgré tout parce que rien n'est éternel ; vous le perdrez forcément. Le mental, c'est lui votre problème. Il désire être libéré du changement, de la douleur, de la contrainte de naître et de mourir. »

Imaginez que pour telle ou telle raison, vous vouliez rouler un gros rocher jusqu'au sommet d'une colline. Vous passerez peut-être beaucoup de temps à étudier la meilleure manière de vous y prendre. Mais finalement, il faudra lutter de toutes vos forces contre la force de gravité. Si vous ne poussez pas de toutes vos forces, le rocher reste au même endroit ou bien il redescend.

La gravité ne respecte personne. Vous ne pouvez pas lui demander de disparaître le temps que vous poussiez le rocher. Le feu brûle, que vous connaissiez ou non sa nature. Enfant ou adulte, celui qui met la main dans le feu se brûle. Ainsi, nous dansons tous sur la musique de *maya*, que nous le sachions ou pas, que nous le voulions ou pas. Pour échapper à sa force d'attraction, il faut fournir un effort vigoureux et permanent. Plus l'effort est intense, mieux c'est. Comme le dit Amma :

« Il est impossible de prédire quand nous verrons Dieu. Tout dépend de l'intensité avec laquelle le chercheur appelle Dieu et des efforts qu'il fournit. Si nous prenons un omnibus, nous ne savons pas à quelle heure nous arriverons car il s'arrête partout. Un express, lui, ne fait qu'un nombre limité d'arrêts, nous pouvons donc prédire son heure d'arrivée avec plus ou moins d'exactitude. »

Amma dit qu'il vaut mieux consacrer beaucoup de temps à méditer plutôt qu'à étudier les Écritures de façon excessive. Il est nécessaire de pratiquer, si peu que ce soit. Il faut bien s'atteler un jour ou l'autre à la tâche de maîtriser le mental ; plus on commence tôt, mieux c'est.

Le mental ne cesse de vagabonder comme un singe agité. Une fois que nous avons compris la nature agitée et instable du mental, il s'agit de prendre des mesures pour le calmer et le concentrer sur un point. Selon Amma, le *japa* (qui conduit à la méditation) est la méthode la plus facile et la plus efficace. Un peu de *japa* ou d'une autre pratique finit toujours par donner des résultats.

« Les bienfaits de la méditation ne sont jamais perdus. Ils vous accompagnent toujours, prêts à porter leurs fruits le moment venu. »

—Amma

« Dans ce yoga, aucun effort n'est vain et il n'y a jamais de résultat défavorable. La mise en pratique, même minime, de cette discipline (*dharma*), libère d'une grande peur (peur du *samsara*) »

–Bhagavad Gita, Ch.2, v.40

Beaucoup d'entre nous croient qu'ils n'ont pas le temps de faire une *sadhana* (pratiques spirituelles). Nous pensons : « Je dois aller au bureau, je dois m'occuper des enfants et de la maison. » En fait, nous pouvons toujours rallonger à l'infini la liste de nos obligations. Si nous examinons de près notre vie, nous consacrons un temps énorme à des pensées inutiles. À la place, ne pourrions-nous pas répéter notre mantra ? Acquérir cette habitude exige certes un effort, mais c'est possible.

Quelqu'un m'a dit un jour : « Vous parlez de la *sadhana*, mais c'est facile pour vous parce que vous n'êtes pas dans le monde. » En réalité, il n'est pas possible de renoncer au monde à moins d'être un *mahatma*, établi dans l'état transcendantal de *samadhi*. Tant que nous n'en sommes pas là, où que nous soyons, le monde existe. Tant que le corps existe, il est dans un monde. Nous souhaitons peut-être quitter la terre et de vivre dans l'espace, mais cela aussi est un monde. Le vrai renoncement, c'est de pratiquer le *japa* tout en étant actif.

Bien sûr, certaines activités comme le travail intellectuel excluent la possibilité du *japa*. Mais à tous les autres moments, au lieu de perdre notre temps à parler à des amis, à lire des magazines et à nous disperser dans toutes les distractions de la vie actuelle, consacrons-nous au *japa*, à la lecture des Écritures, à la méditation, aux *bhajans* (chant dévotionnel), aux *satsang* ou à toute autre activité spirituelle et ainsi, nous progresserons rapidement spirituellement.

Avant de nous plaindre à Amma que nous ne progressons pas dans notre vie spirituelle en dépit de tous nos efforts, examinons de près notre vie et voyons combien de temps nous gaspillons dans d'autres activités, dans d'autres pensées. Rappelons-nous que dans la vraie dévotion, dans la vraie méditation, les pensées sont constamment tournées vers Dieu, « comme un filet d'huile que l'on transvase, qui coule sans interuption. » Prions ainsi : « Puissent mes pensées s'écouler vers Toi comme le Gange vers l'océan. »

CHAPITRE 3

Une tâche apparemment impossible

Dès la naissance, nous acceptons inconsciemment l'idée que la nature du mental est de penser constamment. Nous ne remettons jamais cela en question. Les pensées sont bonnes, mauvaises ou neutres. Les sentiments, les désirs et les peurs sont également des pensées, tout comme les images et les sons. Le mental est un espace où les pensées vont et viennent.

Le mental en lui-même n'est ni bon ni mauvais. Ce sont les pensées qui sont *dharmiques* ou *adharmiques*. Selon Amma, puisque le mental n'est qu'un flot de pensées, il est possible de stopper son bavardage incessant et de savourer la paix qui est sa vraie nature. En fait, c'est le but réel de l'existence humaine : arrêter le flot des pensées et faire l'expérience de ce qui en découle, c'est-à-dire de la Paix qui passe tout entendement.

Bien que cette idée profonde soit aussi vieille que les sages de l'Inde ancienne, elle mérite notre attention. Le mental est là, sous nos yeux, bien en évidence, mais la plupart d'entre nous ne le remarquent pas avant qu'il ne devienne insupportable. Les sages de jadis affirment que si le désir de comprendre le mental, de le vaincre et de nous libérer de sa tyrannie se lève en nous, cela est dû à de nombreuses bonnes actions accomplies dans le passé. La majorité des humains se préoccupe uniquement de choses extérieures. Ils ne sont guère portés à l'introspection.

Tout le monde désire la paix intérieure ; personne ne souhaite subir la tyrannie du mental. Mais pour être libre, il est nécessaire d'avoir une vie intérieure consacrée à ce but. Peu importe que l'on mène ou non une vie monastique. Quel que soit notre mode de vie, le mental existe et il faut le domestiquer. C'est une tâche difficile pour tous. De nombreux *sadhaks* ont réussi sans être moines et de nombreux moines ont échoué. Ce qui compte, c'est l'effort personnel.

Comprenez d'abord la nature de l'ennemi

Pour vaincre un ennemi, il faut d'abord comprendre sa nature. C'est ainsi seulement que nos efforts seront fructueux. Selon Amma, le mental est un ramassis de pensées, en apparence infinies. On peut le comparer à un lac.

En l'absence de vent, la surface du lac est calme. Quand le vent souffle, il y a des vagues. Plus le vent est fort, plus les vagues sont hautes. Dans le cas du mental, qu'est-ce qui joue le rôle du vent ? Le désir et la peur.

Instinctivement, nous désirons le bonheur, infini et pur de toute souffrance. Mais de quelle manière le cherchons-nous ? Nous savons que nous avons parfois connu le bonheur. Quelle en était la cause ? Si nous la réduisons à l'essentiel, nous voyons que la satisfaction d'un désir nous procure un sentiment de bonheur, de paix. Les désirs sont multiples mais tant que le mental en est obsédé, ils provoquent de l'agitation, jusqu'à ce qu'ils soient satisfaits. C'est vrai aussi de la peur.

Tant que nous ne nous sommes pas libérés de la cause de notre peur, nous ne pouvons pas être heureux. La disparition de la peur apporte le bonheur et la paix. Est-il nécessaire de toujours rechercher le bonheur dans la satisfaction des désirs ? Est-ce même possible ? Les désirs sont infinis, et quand on en satisfait un, le suivant apparaît. À bien observer le mental, il semble que la paix ressentie après la satisfaction d'un désir soit ce que nous appelons « le bonheur ». Puisqu'elle provient de la tranquillité du mental, n'est-il pas possible de l'apaiser et de trouver ainsi le bonheur ?

Malheureusement, nous sommes intimement convaincus que la satisfaction des désirs et la disparition des peurs ou de la souffrance est la source du bonheur ; nous sommes profondément endormis dans cette illusion. Le fait que tout le monde ou presque souffre de la même hallucination complique les choses ; il est difficile de désirer sérieusement se réveiller.

Un cauchemar nous tire efficacement de notre sommeil. Lorsque nous faisons des rêves agréables, nous continuons à dormir. Une vie de plaisirs ne nous invite pas, semble-t-il, à réfléchir sérieusement au sujet de la vie et de la mort. Certaines personnes se tournent vers des buts plus élevés après avoir fait l'expérience de la douleur ou vécu des tragédies. Sinon, la compagnie d'un *mahatma* comme Amma peut avoir le même effet.

La nécessité de méditer

Amma indique à ceux qui viennent à elle que notre vraie nature est ce que nous recherchons sans cesse, à tort, par les sens, à l'extérieur. Nous en avons un aperçu quand le mental reste tranquille quelques instants, après une quête douloureuse, quand nous obtenons un objet désiré, quand nous sommes libérés d'une souffrance. Pourquoi aimons-nous tant le sommeil profond ? Pourquoi nous procurons-nous des oreillers, un lit douillet, un ventilateur et un environnement calme ? Parce que durant le sommeil profond, nous sommes libérés des distractions infinies apportées par les sens, libérés d'un mental toujours agité et de sa tyrannie. Nous plongeons dans notre Soi. Mais pour que cet état devienne permanent, il faut faire des efforts dans l'état de veille afin d'immerger le mental dans sa source, le Soi.

Comment s'y prendre ? Amma nous demande de méditer afin de ralentir et finalement de stopper l'activité du mental. C'est une chose à laquelle nous ne sommes pas naturellement enclins, mais la pratique de la méditation est devenue très répandue, et de nombreuses formes de méditation sont proposées, pour satisfaire tous les goûts. Les bienfaits immédiats de la méditation, tels que la réduction du stress et l'amélioration de la santé, sont aujourd'hui largement reconnus. Les individus, mais aussi les grandes entreprises et les organisations gouvernementales en tirent parti.

Actuellement, nos pensées sont comparables à des graines de moutarde éparpillées par terre ; il y en a partout. Il va falloir beaucoup d'efforts pour les recueillir et les rassembler. Le succès de la méditation dépend de notre concentration. Imaginez que vous soyez en train d'enfiler une aiguille. C'est une activité extérieure qui exige beaucoup de concentration et donc la respiration ralentit, le mental se concentre. Le processus de la méditation est très similaire. On peut méditer sur un objet extérieur, sur un son intérieur, sur une image ou sur un sentiment. Amma dit :

« Mes enfants, contraindre le mental à méditer revient à vouloir immerger un morceau de bois dans l'eau. Dès qu'on lâche prise, le morceau de bois remonte. Si vous ne pouvez pas méditer, pratiquez le *japa*. Grâce au *japa*, le mental deviendra plus souple et apte à méditer. Au départ, il est nécessaire de méditer sur une forme ; le mental se fixera ainsi sur la divinité d'élection (*ishtadevata*). Quelle que soit la manière dont nous méditons, quel que soit notre support de méditation, ce qui est important, c'est la concentration. A quoi sert-il de coller des timbres sur une enveloppe si nous oublions d'écrire l'adresse ? Faire le *japa* ou méditer sans concentration revient à cela. »

Amma insiste ici sur l'idée que la concentration est essentielle et qu'il n'est certes pas facile de méditer mais que l'on peut y parvenir grâce aux moyens adéquats (comme le *japa)* et à la persévérance.

Amma compare parfois les chercheurs spirituels à ceux qui grimpent aux cocotiers. Au Kérala, là où elle vit, il y a des millions de cocotiers. Savez-vous comment on les cueille ? Il n'y a pas de nacelles pour monter un homme à cette hauteur. Il faut grimper. Les hommes ne s'encordent généralement même pas pour éviter de tomber. Ils montent jusqu'à la cime, se tiennent avec les pieds et d'une main pendant que de l'autre main, ils coupent les noix de coco avec un grand couteau.

Si vous avez jamais essayé de grimper à un cocotier, vous savez à quel point c'est difficile. Vous montez d'un ou deux mètres, puis vous glissez. Il n'y a rien à quoi se tenir. Les hommes qui grimpent font des encoches dans les arbres pour avoir un peu prise, mais en voyant ces entailles, on n'a pas envie d'en faire dépendre sa vie. Il y a peu de temps encore, quand on était né dans une famille de grimpeurs de cocotiers, il fallait reprendre le métier, que cela plaise ou non. C'est leur gagne-pain. Le père enseigne à son fils comment monter, un peu à la fois, jusqu'à ce qu'il réussisse. L'enfant ne peut pas abandonner sous prétexte que c'est difficile. Sinon, comment sa famille va-t-elle survivre ?

Viendra un moment où nous comprendrons qu'il n'y a pas d'autre moyen de trouver la paix que d'apaiser le mental. Alors nous fournirons un effort considérable, comme si notre vie en dépendait, pour atteindre le but, quelles que soient les difficultés. Nous ne tenterons pas de méditer cinq minutes pour penser ensuite : « Oh, pas la peine de s'escrimer. Je ne peux pas contrôler mon mental. Il est trop agité. » Comme dit le proverbe : « Si vous ne réussissez pas du premier coup, recommencez » et : « C'est par la pratique que l'on atteint la perfection. » Tenter de stopper le mental et d'atteindre son origine revient à nager à contre-courant dans une puissante rivière pour remonter à la source. C'est possible, mais seulement au prix de grands efforts.

Tous les *sadhaks* font la même expérience : quand on fait des efforts répétés pour contrôler le mental, cela semble une tâche impossible. Dans la Bhagavad Gita, le dévot de Krishna, Arjuna, lui fait part de ce même sentiment et le Seigneur l'encourage en lui donnant le meilleur des conseils :

Arjuna dit : « Tu m'enseignes le yoga de l'équanimité, Ô Destructeur de Madhu, mais je ne vois pas comment il peut être maintenu, car le mental est par nature agité. Le mental est instable, turbulent, puissant et obstiné, Ô Krishna, je considère qu'il est aussi difficile à maîtriser que le vent. »

Le Seigneur dit : « Sans aucun doute, Ô Arjuna, le mental est agité et difficile à contrôler ; mais, par la *pratique* et le *détachement*, il est possible de le dompter, Ô fils de Kunti. »

–Ch. 6, v. 33-35.

Quand on ne peut pas méditer, Amma conseille de faire *japa*. Le *japa* consiste à répéter un mantra ou le nom de Dieu, et certains des plus grands saints de l'Inde ont atteint cet état par le *japa*. Le service désintéressé, les chants dévotionnels (*bhajana*), le *japa* et la méditation (*dhyana*) purifient peu à peu le mental de ses pensées et mènent à l'absorption en Dieu (*samadhi*), la source du mental.

S'efforcer de trouver la paix intérieure est, à la vérité, un exercice d'humilité. Nous finissons par comprendre que nous n'y arriverons jamais par nos seuls efforts. C'est là que commence la dévotion, qui jaillit du sentiment de notre impuissance.

Importance de l'effort

Mirabaï était une princesse indienne et une grande sainte, qui vécut au seizième siècle. C'était une dévote de Krishna et elle répétait sans cesse son nom. Tulasi Das, l'auteur du célèbre livre

37

Ramacharitamanasa appelé aussi *Tulasi Ramayana*, répétait sans cesse « Ram, Ram. » Namadev chantait, « Rama Krishna Hari ». Tous ces *mahatmas* et bien d'autres avant ou après eux, répétaient constamment le nom de Dieu, jusqu'à ce qu'il n'y ait plus d'autre pensée dans leur mental, excepté la pensée de Dieu. Quand on atteint cet état, par Sa grâce, la Présence de Dieu, pleine de béatitude, brille dans un mental aussi pur. Pour obtenir cet état de paix et de bonheur, nos efforts et la grâce de Dieu sont tous deux nécessaires.

Il était une fois une femme qui avait trois fils. Son mari était mort peu après la naissance du dernier, et il lui avait donc fallu les élever seule. Ils devinrent tous trois des hommes exceptionnels. En les voyant, une personne de la famille lui demanda : « Comment as-tu fait pour élever seule ces merveilleux enfants ? »

« Eh bien, cela a exigé à la fois du courage et la grâce, » répondit-elle.

« Que veux-tu dire ? »

« Je priais Dieu : « Je fournirai le courage et Tu donneras Ta grâce. »

Un proverbe connu dit : « Aide-toi, le Ciel t'aidera. » Cette vérité s'applique à la vie spirituelle. Nous n'obtiendrons pas la grâce de Dieu, de notre guru, en restant assis passivement. Notre sincérité, notre humilité et nos efforts attirent la grâce. Celui qui reçoit la grâce sait qu'il n'est rien et que Dieu est tout. Plus il devient humble, par la grâce, plus il reçoit la grâce. Comme le dit Amma :

> « Quelle que soit la quantité de pluie qui tombe, la pluie ne reste pas au sommet de la montagne ni sur le

toit d'une maison. Du sommet de la montagne, toute l'eau coule vers les vallées. Rien ne peut être obtenu tant que le sentiment du « moi » demeure. La grâce s'écoulera en nous quand nous éprouverons ce sentiment : « Je ne suis rien ». Un orgueilleux ne fera pas usage des circonstances favorables qui lui sont offertes. Gardons toujours cette attitude: « Je ne suis rien ». Pour que la graine germe, il faut qu'elle entre sous la terre avec l'attitude : « Je ne suis rien ». Si elle pense avec orgueil « Pourquoi devrais-je m'incliner devant cette terre sale ? » elle ne peut pas croître et devenir une plante, ce qui est sa vraie nature. De même, si nous cultivons et développons l'humilité, si notre ego se prosterne bien bas devant l'Être suprême et Sa création, visualisant toute chose comme étant Lui, alors seulement, notre vraie Nature se révèle. Ceux qui pensent : « Je suis grand et quelqu'un de spécial » sont en réalité plus petits que n'importe qui. Ils essaieront toujours de projeter leur ego quand ils agissent. Comme un ballon trop gonflé, il faudra un jour qu'ils éclatent.

Ceux qui se considèrent comme les serviteurs de Dieu et servent tous les êtres avec humilité et simplicité possèdent la véritable grandeur. La Réalité suprême est en nous, sans que nous en ayons conscience. À cause de notre ego, nous restons sur le plan inférieur et matériel de l'existence ; c'est pourquoi nous ignorons cette vérité. »

Un *mahatma* n'est pas quelqu'un qui a un gros ego, mais plutôt une grande âme, libre de tout ego.

Différentes sortes d'humilité

Un puissant monarque se rend un jour à la mosquée pour prier ; il y va tôt le matin, quand il n'y a personne. Il s'agenouille et prie : « Ô Seigneur, je ne suis rien, je ne suis que la poussière de Tes pieds. » C'est alors qu'il entend quelqu'un répéter les mêmes paroles, dans une autre partie de la mosquée. Irrité, le roi s'écrie : » Qui déclare qu'il n'est rien ? Quand je dis que je ne suis rien, qui ose affirmer la même chose ? »

Il cherche qui a bien pu l'offenser ainsi, et découvre que c'est un mendiant. Il le sermonne : « Rappelle-toi, quand un roi déclare qu'il n'est rien, personne ne peut en dire autant, surtout pas un pauvre gueux comme toi ! »

Parfois, même l'humilité peut devenir une source d'orgueil.

On dit qu'une personne réellement humble n'a même pas conscience de son humilité. Il y a fort longtemps vivait un saint qui était si bon que les dieux eux-mêmes descendaient du Ciel pour le voir. Ils prièrent Dieu de lui accorder le pouvoir de faire des miracles, et Dieu y consentit.

« Allez lui demander quel genre de miracle il aimerait pouvoir accomplir, » dit le Seigneur aux dieux. Quand certains des dieux, très semblables aux dieux de l'antiquité romaine, avec tous leurs défauts très humains, interrogèrent le saint pour savoir quels pouvoirs miraculeux il aimerait posséder, celui-ci répondit : « Je ne désire rien hormis la grâce de Dieu. Celui qui a la grâce a tout. »

« Mais il faut que tu demandes une faveur, ou bien on t'en imposera une, » dirent les dieux ignorants. « Très bien, répliqua le saint, alors accordez-moi le pouvoir de faire beaucoup de bien sans même le savoir. » Les dieux, perplexes, se réunirent et prirent la résolution suivante : chaque fois que l'ombre du saint tomberait à un endroit où il ne pourrait pas la voir, elle aurait le pouvoir de guérir les malades, d'apaiser et de réconforter ceux qui souffrent.

Et donc, partout où allait le saint, les chemins arides reverdissaient, les arbres fanés fleurissaient, les rivières asséchées se remettaient à couler et les gens autour de lui étaient heureux. Et malgré tout, il n'en savait rien. Il vivait en diffusant la vertu comme une fleur répand son parfum, sans même en avoir conscience.

L'effort et la grâce

Un matin, un groupe de résidents était assis en plein air, devant la hutte où Amma habitait à l'époque. Amma était arrivée avant moi et méditait. Je me suis assis sans faire de bruit. En essayant de méditer, j'ai constaté que cela revenait à vouloir maîtriser un singe ivre. Soudain, le mental est devenu calme et concentré. Je n'ai pas compris ce qui se passait. J'ai ouvert les yeux et j'ai vu Amma, assise en méditation à quelques mètres de moi.

Je me suis levé et je suis allé me reposer dans la hutte. Peu après, Amma est entrée. Elle m'a demandé comment avait été ma méditation. Quand je lui ai raconté ce qui s'était passé, elle a répondu : « Quand tu es venu t'asseoir près de moi, j'ai senti ta présence et mon mental s'est dirigé vers toi ; il a pris la forme de Brahman, et il est allé vers toi. C'est pourquoi ton mental s'est concentré. »

Comment le mental prend-il la forme de Brahman ? Je n'en ai pas la moindre idée, mais ce sont les paroles d'Amma.

« Amma, était-ce ta grâce ? »

« Pourquoi en doutes-tu ? »

« C'est que j'aimerais que cela devienne plus permanent. Comment puis-je recevoir plus de cette grâce ? »

« Fils, cela ne s'achète pas dans les magasins. Il faut la désirer intensément, c'est tout. »

« Dois-je la mériter ? » « Tu ne peux pas la mériter. La grâce ne se mérite pas. Elle coule, simplement. Continue ta *sadhana* et quand cela effleurera le mental d'Amma, la grâce se répandra sur toi. C'est tout. »

Certains dévots penseront peut-être : « J'ai médité dix minutes aujourd'hui, je devrais donc obtenir au moins cinq secondes de grâce. » Travailler pour obtenir la grâce n'est pas une affaire commerciale ; il est nécessaire de travailler, mais il se peut que nous ayons le sentiment de ne pas obtenir cette grâce après une vie entière d'efforts. Malgré tout, il faut faire son devoir et attendre. Certains diront peut-être : « Un tel n'a pratiquement pas fait de *sadhana* et pourtant, il a eu la grâce de Dieu, il est devenu un grand saint en une nuit, d'un coup. » Si nous voyons une âme rare comme celle-là, cela signifie que la personne avait fait beaucoup de *tapas* (austérités) dans ses vies précédentes.

Dans le nord de l'Inde, il existe de nombreux hôtels particuliers construits sous l'occupation britannique, il y a plusieurs siècles. Un jour, un jardinier et ses employés nettoyaient le terrain autour de l'un d'entre eux ; ils enlevaient les mauvaises herbes et la végétation sauvage. Soudain, la chaussure du jardinier a heurté quelque chose de solide et un jet d'eau a surgi. Surpris, les gens ont crié : « Mais d'où cela vient-il ? » En cherchant, on a découvert une fontaine qui avait été recouverte par des siècles de végétation. De même, si nous entendons parler de quelqu'un qui a atteint un état spirituel élevé avec peu d'efforts ou sans effort, cela n'est pas dû à une grâce spéciale mais plutôt à des efforts intenses, fournis dans une autre vie, et qui portent maintenant leurs fruits.

Un petit oiseau pondit un jour un œuf au bord de l'océan. Bien entendu, l'œuf fut très vite emporté par les vagues. Alors la pauvre oiselle, très contrariée et en colère, décida d'assécher l'océan pour retrouver son œuf. Elle plongea les ailes dans l'océan et les secoua sur la terre. Elle répéta ce manège pendant très longtemps. Finalement, le roi des oiseaux, le céleste Garuda, est venu voir ce qui arrivait à sa petite dévote.

« Que fais-tu? » demande-t-il à l'oiselle. Quand il apprend le problème, le cœur de Garuda fond de compassion pour le pauvre oiseau. Il se met à battre des ailes, et comme il est très puissant, il provoque des raz de marée, agitant l'océan et toutes ses créatures. Finalement, le dieu de l'océan vient demander : « Que se passe-t-il, Seigneur ? » Garuda lui dit : « Tu as emporté l'œuf de ce petit oiseau. »

« Vraiment ? Je ne m'en suis même pas aperçu. »

« Rends-le lui, sinon je n'arrêterai pas de battre des ailes jusqu'à ce que tu sois à sec. »

Alors l'océan a cherché, il a trouvé l'œuf et l'a rendu au petit oiseau.

C'est une histoire tirée d'une Upanishad ; elle décrit le fonctionnement de la grâce. Bien que la tâche qui consiste à maîtriser le mental et à faire l'expérience du Soi semble impossible à accomplir dans notre état présent d'identification au corps et au mental, l'intensité de nos efforts finira par toucher le cœur de notre guru et la grâce viendra, effaçant toute trace de *maya* et nous élevant jusqu'à notre vraie nature. Nous devons fournir l'effort et attendre. Le guru connaît sa responsabilité.

CHAPITRE 4

Le contact avec Brahman

Au neuvième siècle vivait en Perse un mystique soufi du nom de Mansur Al Hallaj. Il est considéré comme la figure la plus controversée du mysticisme islamique et comme le prototype de l'amant ivre de Dieu. En extase, il déclarait : « *Anna al Haqq* », ce qui veut dire : « Je suis la Vérité. » Il s'exclamait parfois « Il n'y a rien d'enveloppé dans mon turban, excepté Dieu. Il n'y a rien sous mon manteau, sinon Dieu. Je suis le Bien-aimé et le Bien-aimé est moi. Nous sommes deux esprits en un seul corps. Si vous me voyez, vous Le voyez et si vous Le voyez, vous voyez les deux. »

Ceci était considéré comme un blasphème par les Musulmans non soufis et même par certains soufis. Comment peut-on déclarer : « Je suis la Vérité ? » Dieu est la seule Vérité. Comment un être humain peut-il être la Vérité ? À cette époque et en ce lieu, les gens de son entourage considéraient cette déclaration comme un outrage. Ces paroles mystiques furent la cause d'un long procès, puis de son emprisonnement pendant onze ans à la prison de Bagdad où il fut aussi torturé avant d'être exécuté. Quel dommage qu'il ne soit pas né en Inde, où de tels êtres sont révérés comme des *mahatmas* !

Il avait réalisé le Soi, l'*atman*. Il est clair qu'il savait par expérience que le corps n'était pas son Soi. Quand Sri Ramakrishna, le grand maître spirituel de Calcutta qui vécut au 19ème siècle, apprit par des dévots qu'un yogi avait été torturé et tué par des villageois ignorants dans le village voisin, il dit :

> « Le corps est né et il mourra. Mais l'âme ne connaît pas la mort. La noix de bétel, quand elle est mûre, n'est plus attachée à la coque ; tant qu'elle est verte, il est difficile de la séparer de la coque. Une fois que l'on a réalisé Dieu, on ne s'identifie plus au corps. On sait que le corps et l'âme sont deux choses différentes. »
>
> –L'Évangile de Sri Ramakrishna

Les paroles de Mansur Al Hallaj nous rappellent beaucoup celles de Jésus. Avant Jésus, il est probable que personne en Israël n'avait atteint cet état suprêmement sacré de la Réalisation de Dieu. Sans la moindre hésitation, Jésus a déclaré : « Mon Père et Moi, nous sommes un. Celui qui Me connaît, connaît aussi mon Père ; à partir de maintenant vous Le connaissez et vous L'avez vu. Je suis le chemin, la Vérité et la Vie. » Jésus a lui aussi été tué par des êtres spirituellement ignorants.

Ces sages ressentaient leur unité avec la Réalité absolue. Cette idée que nous sommes Cela, que nous sommes immortels et éternels, dépasse totalement notre imagination. Mais en vérité, même l'étoile la plus éloignée dans l'univers est en nous et pas à l'extérieur. C'est l'expérience qu'Amma exprime dans le chant *Ananda Veethiyil* :

> « Mère (Dévi) m'a dit de demander aux gens d'accomplir le but de leur vie humaine. Mon esprit s'est

épanoui, baigné dans la lumière multicolore du Divin. À partir de ce jour, je fus incapable de percevoir quoi que ce soit comme différent ou séparé de mon propre Soi, tout n'était que l'Un. »

C'est l'expérience à laquelle nous devrions aspirer. Par l'exemple de sa vie, Amma s'efforce de nous insuffler l'enthousiasme nécessaire pour atteindre ce but. Quel que soit le temps requis, cela en vaut la peine. La Bhagavad Gita dit :

« Lorsque le mental, maîtrisé par la pratique du yoga, atteint la quiétude et que le yogi, par son Soi, a la vision directe du Soi, il trouve sa joie dans le Soi.

Lorsque le yogi ressent cette Félicité absolue que peut percevoir le pur intellect et qui transcende les sens, lorsqu'il est établi profondément en elle, il ne quitte plus jamais cette Réalité.

Ayant obtenu Cela, le yogi comprend qu'il n'existe rien de supérieur : établi fermement en Cela, rien ne l'ébranle plus, pas même un grand malheur.

Sache que la rupture de notre union avec la souffrance a pour nom yoga (*union – avec le Divin*). Il faut le pratiquer avec détermination et sans jamais se laisser décourager. »

–Ch. 6, v. 20-23

En vérité, il n'y a rien de plus désirable que la Réalisation de Dieu. Il n'y a pas de but supérieur. Si nous réussissons à obtenir un petit aperçu de Dieu, de notre vraie nature, nous comprendrons que les plaisirs et les bonheurs qui nous sont familiers ne sont qu'un pâle reflet de Cela. Il se trouve que nous l'avons complètement oublié ; nous nous en sommes détournés et nous sommes devenus des âmes extraverties, limitées par la conscience du corps.

Le caractère unique de l'Inde

C'est en 1987 qu'Amma est venue pour la première fois aux Etats-Unis. Le lendemain matin de son arrivée, je suis allé la voir pour voir comment elle se sentait après un si long voyage. J'avais aussi une question à lui poser. « Amma, les anciennes Écritures de l'Inde, comme le *Srimad Bhagavatam*, disent que c'est grâce à de grands mérites que l'on peut naître en Inde. Mais quand je compare la vie de l'homme moyen ici et en Inde, il me semble que les gens souffrent beaucoup plus en Inde. Quelle est donc la signification de cette affirmation des Écritures ? » Je ne m'attendais pas à sa réponse :

« Fils, il est vrai que la vie de l'Indien moyen implique plus de souffrances que celle des gens d'ici. Mais quand on naît en Inde, on prend connaissance de la philosophie du *Sanatana Dharma* qui nous enseigne que le but ultime de la vie est de réaliser le Soi, de se libérer du cycle en apparence sans fin de la naissance et de la mort (*samsara*).

En fait, les concepts même de *samsara* et de libération sont propres à l'Inde. Si on les rencontre dans d'autres pays, on peut être sûr que dans un passé lointain, ils sont venus d'Inde. Depuis des milliers d'années, innombrables sont les *mahatmas* nés en Inde et les dévots qui ont suivi le chemin qui mène à la libération. Ces vibrations sont présentes aujourd'hui encore dans l'atmosphère. Nous pouvons y puiser par une vie de dévotion et de discipline personnelle. Ce n'est pas le cas hors de l'Inde. »

Quand on a oublié les nobles vérités spirituelles et que l'on mène une vie entièrement matérialiste, le monde semble très réel et Dieu, ou le Soi, complètement irréel. Mais pendant qu'Amma les étreint, beaucoup ont la bonne fortune de ressentir un petit reflet de Cela. Cette étreinte met de nombreuses âmes sur le chemin de la libération, l'état qui transcende la douleur.

Le Seigneur Krishna dit : « Sache que la rupture de notre union avec la souffrance a pour nom yoga. Il faut le pratiquer avec détermination et sans jamais se laisser décourager. »

Si nous désirons être libérés de toutes les formes de souffrance, physique, mentale et émotionnelle, il n'y a pas d'autre moyen ; il s'agit d'atteindre l'état de yoga. Yoga signifie union. Union avec quoi ? Avec notre propre Soi. Actuellement, le corps et le mental ont pris la place de notre Soi. Nous sommes aliénés de notre nature réelle.

Nous avons le sentiment que le corps est « moi », que la personnalité, l'ego, est « moi ». C'est un état douloureux. Nous agissons pour tenter de nous libérer de cette souffrance. La quête du plaisir est un effort pour oublier la souffrance de l'individualité, de notre faux petit « moi. » Si nous aimons tant le sommeil, c'est que pendant une longue durée, nous oublions ce petit « moi ». L'expérience directe du Soi marque la fin de la souffrance.

Il s'agit de faire des pratiques qui nous y conduisent, de les faire avec détermination et sans se décourager. Pourquoi Krishna précise-t-il « sans se décourager ? » Parce qu'habituellement, nous agissons pour satisfaire nos désirs. Mais lorsque nous essayons d'obtenir l'expérience du Soi, nous constatons que les désirs tirent notre mental et nos sens dans la direction opposée.

Nous tentons de calmer le mental pour plonger à l'intérieur, à sa source, mais malgré notre volonté de réussir, la force des désirs passés le maintient dans un état permanent d'agitation et d'extériorisation. Cela revient à vouloir immerger un bouchon de liège dans l'eau : c'est presque impossible. Lorsque la lutte dure longtemps, elle peut aboutir à une déception ou à une dépression.

Mais un véritable chercheur spirituel n'abandonnera jamais. Comment le pourrait-il ? Dans le cas des dévots d'Amma, ils ont fait l'expérience de quelque chose qui transcende les plaisirs des sens. Pendant quelques instants au moins, ils ont plongé dans les couches supérieures du Soi, grâce à la puissance spirituelle qui émane d'elle. La plupart d'entre eux ne peuvent pas oublier cette sensation de pureté, d'innocence et de paix.

Le Seigneur Krishna nous dit donc dans la Gita :

> « Abandonnant sans réserve tous les désirs nés de l'imagination et maîtrisant parfaitement par le mental la totalité des sens, en toutes directions, que le yogi atteigne peu à peu la quiétude en contrôlant son intellect fermement ; une fois son mental établi dans le Soi, qu'il ne pense plus à rien. Le yogi doit détourner le mental instable et agité de tout ce qui le fait vagabonder et le ramener sous le seul contrôle du Soi. Car en vérité, la félicité suprême envahit le yogi dont le mental est dans une paix profonde, qui ne ressent plus l'aiguillon de l'activité ; il est pur, il est

devenu lui-même Brahman. Constamment absorbé dans le yoga, un tel yogi, libéré de toute imperfection, atteint ainsi aisément la béatitude infinie que procure le contact avec Brahman. »

–Ch. 6, v. 25-28

Il nous rappelle que les désirs naissent de l'imagination. Cela signifie que si nous les analysons, ils ont en réalité peu de substance. Nous croyons que la satisfaction de nos désirs nous apportera le bonheur et nous en retirons certes un peu de plaisir pendant quelque temps, mais ensuite le plaisir s'évanouit et un nouveau désir apparaît, que nous faisons de nouveaux efforts pour combler ; et ainsi de suite jusqu'à la mort.

Nous pensons toujours :

« Si j'obtiens ceci, si je vais à tel endroit, je serai heureux. » Non seulement notre joie ne dure pas, mais elle laisse place à une grande détresse.

Le bonheur et le plaisir sont deux choses différentes

Ce que nous recherchons, en fait, dans le monde, c'est le plaisir ; mais le plaisir et le bonheur sont deux choses différentes. Par manque de réflexion, nous supposons que le plaisir *est* le bonheur et que si nous réussissons à créer une succession ininterrompue de plaisirs, nous serons constamment heureux.

Mais voilà : bien que beaucoup s'y soient essayés, il est impossible de goûter le plaisir en permanence car il est par nature limité. Les organes des sens se fatiguent et s'usent si on en fait un usage excessif, et c'est vrai également du mental. Ce qui nous donne du plaisir à un moment peut devenir ensuite une source de douleur.

Nous aurons beau nager dans les plaisirs, il arrivera toujours un moment où finalement, nous souhaiterons retirer notre mental de tout cela et dormir. Dans le sommeil profond, nous faisons l'expérience d'un bonheur pur, qui n'est pas contaminé par le monde et par les sens. C'est le bonheur inné de notre Soi, mais il est voilé pour la plus grande part par les ténèbres de l'ignorance. Par les moyens appropriés, nous pouvons vivre pleinement l'expérience du bonheur du Soi, éternellement, où que nous soyons, pendant l'état de veille.

La maîtrise s'acquiert peu à peu

Mais n'y allez pas trop fort en essayant de maîtriser le mental parce que si vous exagérez, vous sombrerez dans la dépression et la déception. C'est un apprentissage qui se fait graduellement. Même les voitures actuelles, munie d'ordinateurs, ont besoin d'un rodage pour ne pas endommager le moteur. Les experts conseillent : « d'éviter les vitesses de pointe, de faire la course ou de tirer de lourdes remorques pendant les mille premiers kilomètres. » De même, si vous débutez dans les poids et haltères et que vous soulevez un poids trop lourd, vous risquez de vous déchirer un muscle ou pire encore. Mais si vous entraînez peu à peu vos muscles, il ne vous arrivera rien.

Le mental est lui aussi une sorte de muscle. Si vous avez les yeux plus gros que le ventre, vous risquez une indigestion mentale et émotionnelle pour finalement, découragé et déprimé, abandonner la vie spirituelle. Le but de la maîtrise de soi est de garder constamment le mental au repos, absorbé dans la pensée de Dieu ou du Soi ; mais cela requiert au moins une vie entière de pratique. À la fin, cet état devient facile et naturel, comme on monte un cheval docile.

Une histoire tirée de la mythologie grecque illustre ce principe. Le héros mythique Milon de Crotone est devenu l'homme le plus fort du monde en soulevant un veau et en traversant chaque jour le village avec l'animal sur les épaules, jusqu'à ce qu'il devienne un bœuf adulte. Milon a développé sa force en portant régulièrement le veau, tandis que son poids et sa taille augmentaient. Son corps a pu s'adapter au fardeau. De même, en augmentant peu à peu le temps que nous consacrons à nos pratiques spirituelles, nous pourrons sans difficulté atteindre un état où notre esprit sera constamment absorbé dans le Soi.

Pratiquez l'introspection

Le Seigneur Krishna dit : « Le yogi doit détourner le mental instable et agité de tout ce qui le fait vagabonder et le ramener sous le seul contrôle du Soi. » Cette idée est très importante. Une fois que l'on s'est fixé le but d'apaiser les pensées, il s'agit de développer peu à peu une nature introspective. Nous ne le faisons généralement pas. Nous tournons le regard et les pensées vers d'autres objets et personnes, jamais vers nous-mêmes. Observons notre mental et voyons ce qui le distrait au point de ne pas pouvoir nous concentrer, être calmes. Fondamentalement, c'est la tendance à suivre les sollicitations extérieures des sens.

Comme le dit le Seigneur Krishna :

« Celui qui ne maîtrise pas les sens ne possède ni sagesse ni concentration. Sans concentration, il n'y a pas de paix. Et comment celui qui n'est pas en paix pourrait-il être heureux ? Comme le vent ballotte un navire qui vogue sur l'eau, il suffit que le mental soit gouverné par un des sens, à la nature vagabonde, pour que soit balayé tout discernement.

Donc, celui qui retire ses sens de leurs objets est fermement établi dans la sagesse, Ô Toi aux bras puissants (*Arjuna*). »

–Bhagavad Gita, Ch. 2, v. 66-68

Cela peut paraître au départ une tâche impossible, mais c'est indispensable. Peu à peu, nous comprendrons comment nous sommes devenus si agités et distraits. En utilisant l'introspection, il faut sans cesse ramener le mental agité vers l'objet de notre concentration. Cela nous aidera aussi à développer un pouvoir de volonté qui manque à beaucoup d'entre nous.

Libérons-nous de toutes les négativités

Une vie méditative ne nous apporte pas seulement un mental paisible, mais ce qui est encore plus important, l'expérience « de la béatitude infinie du contact avec le suprême Brahman. » Quand la Gita parle de « se libérer du péché, » cela signifie se libérer des effets des pensées, des paroles et des actes qui nous empêchent d'accéder à cet état de contact avec la béatitude de Brahman.

Quand, grâce à la *sadhana* et aux austérités, nous nous sommes purifiés de nos défauts et de notre négativité, alors nous faisons l'expérience intérieure du contact avec Dieu, qui est béatitude infinie. « Dieu » désigne la source même du mental

et de la Création, voilée par nos mauvais karmas antérieurs.
Cette expérience nous rendra parfaits.

Les paroles de Jésus expriment quelque chose de très similaire :

« Vous avez entendu qu'il est dit : « Tu aimeras ton
voisin et tu haïras ton ennemi.» Mais je vous dis :
« Aimez vos ennemis et priez pour ceux qui vous
persécutent, afin d'être les fils de votre Père qui est
au Ciel ; car Il fait briller le Soleil sur les bons et les
mauvais, il envoie la pluie aux justes comme aux
méchants. Car si vous aimez ceux qui vous aiment,
quel mérite sera le vôtre ? Les collecteurs d'impôt ne
font-ils pas de même ? Si vous ne saluez que vos frères,
que faites-vous de plus que les autres ? Les Gentils (non
Juifs) ne font-ils pas de même ? Donc, soyez parfaits,
comme votre Père céleste est parfait. »

Matthieu, 5:43-48

Il est intéressant de constater que Ses paroles reflètent parfaitement l'exemple donné par Amma et son enseignement d'amour
universel. Un seul instant de contact avec *Brahman* brûle le
karma d'innombrables vies. Celui qui entrevoit Cela ne l'oublie
plus jamais ; telle est l'intensité de la béatitude divine.

La puissance de Maya

Amma dit :

« Maya, la grande Puissance d'illusion, nous empêche
de progresser spirituellement. Nous passons notre
vie confinés à la conscience du corps, le cœur rempli

de chagrin. Quel malheur que le démon du désir, qui nous attrape par des tentations illusoires, nous entraîne dans le sombre abîme de Maya où nous devenons la proie du dieu de la mort ! Si vous êtes sous son emprise, malheur à vous car vous y perdrez votre âme. Les soucis prendront fin uniquement si vous renoncez à tous les désirs et placez votre espoir en Dieu seul. »

Qu'est-ce donc que *maya* ? Chacun de nous baigne dans *maya* à tout instant, bien que nous n'en ayons pas conscience. Nous sommes pareils à des poissons enfouis au fond des eaux et qui n'ont pas conscience de ce qui est au-dessus : l'immensité de l'océan, la terre et les cieux.

Quelqu'un m'a un jour confié : « L'autre jour, *maya* s'est emparée de moi. Mes *vasanas* sont remontées. » J'ai répliqué : « Y a-t-il un seul instant où *maya* ne s'empare pas de nous ? Y a-t-il un seul moment où nos *vasanas* ne font pas surface ? Vous voulez peut-être dire que vous avez pris conscience de certaines de vos *vasanas* les plus fortes. Pour qu'aucune *vasana* ne remonte, il faut avoir atteint l'état de *samadhi* ; là, il n'y a plus de *maya*. »

Il s'agit de comprendre la gravité de notre état. Nous sommes constamment sous le charme de *maya*, nos *vasanas* sont toujours présentes. Elles ne sont pas absentes un seul instant ; dans le sommeil, elles sont présentes dans nos rêves. Dans le sommeil profond, elles sont encore là à l'état latent et attendent de ressurgir à notre réveil. *Maya* nous fait oublier notre vraie nature et nous identifier à tort avec le corps. Cela nous rend extravertis, ce qui est peut-être une bonne chose pour la vie dans le monde mais n'est pas bon pour celui qui s'efforce de transcender *maya*. Il nous faut regarder vers l'intérieur, vers notre Soi, au lieu de porter notre attention ailleurs.

Comme le dit Amma : « Le désir nous fait courir après les tentations illusoires, puis choir dans l'abîme de *maya* où nous devenons la proie du dieu de la mort. »

Un mantra tiré des Védas dit :

« Guide-moi de l'irréel vers le Réel, des ténèbres vers
la Lumière et de la mort à l'Immortalité ! »

–Brihadaranyaka Upanishad 1.3.28

Tel est notre état actuel. Nous sommes dans les ténèbres de *maya*, incapables de voir la Lumière de Dieu. Nous n'avons pas conscience d'être immortels. Nous savons que nous allons mourir. Selon Amma, nous *pouvons* faire l'expérience de l'immortalité. Il est possible de transcender la mort, mais à condition de ne pas se laisser duper par *maya* qui nous fait voir uniquement le côté agréable des choses, jamais le côté douloureux. Si nous le percevons, c'est une manifestation de la grâce.

Lorsque nous nous efforçons de transcender *maya*, le plaisir nous plonge toujours dans l'illusion. Cela ne signifie pas que le plaisir n'existe pas ; il existe bien, il est très réel. Mais c'est la souffrance qui nous force à transcender *maya*, à prendre refuge au fond de nous-même, en Dieu. Elle nous contraint à chercher une issue, hors de cette servitude en apparence éternelle, au lieu de nous engager dans le monde matériel.

Le lion et la clôture

Un lion fut capturé par des chasseurs et jeté dans un camp, où il découvrit à son grand étonnement d'autres lions qui y vivaient depuis des années ; certains y avaient même passé toute leur vie car ils y étaient nés. Très vite, le lion prit connaissance des activités sociales des lions du camp. Ils se rassemblaient en groupes. Un groupe était constitué par ceux qui socialisaient ; un autre groupe s'intéressait au show business ; un autre encore avait un but culturel, celui de préserver les coutumes, les traditions et l'histoire de l'époque où les lions étaient libres.

D'autres groupes étaient religieux : ils se rassemblaient généralement pour chanter des cantiques émouvants qui parlaient d'une jungle à venir où il n'y aurait plus de clôture ; il y avait des associations littéraires et artistiques ; d'autres étaient révolutionnaires et complotaient contre leurs gardiens ou contre d'autres groupes révolutionnaires. De temps en temps, une révolution éclatait et un groupe était exterminé par un autre, ou bien les gardes étaient tous tués et remplacés par d'autres.

En regardant autour de lui, le nouveau venu remarqua un lion qui semblait toujours profondément absorbé dans ses pensées, un solitaire qui n'appartenait à aucun groupe et qui n'avait généralement de contact avec personne. Il avait quelque chose d'étrange qui inspirait à la fois l'admiration et l'hostilité de tous car sa présence faisait naître la peur et le doute. Il dit au nouvel arrivant : « Ne te joins à aucun groupe. Ces pauvres imbéciles se préoccupent de tout, sauf de l'essentiel. » « Et qu'est-ce que l'essentiel ? » « Étudier la nature de la clôture. »

Les apparences sont parfois trompeuses

Nous nous laissons très facilement duper par les apparences, par la beauté physique. Quand nous voyons quelqu'un de beau, nous pensons automatiquement qu'il s'agit d'une bonne personne. En réalité, ce n'est pas forcément le cas, pas du tout. La plus belle des femmes ou le plus beau des hommes peut fort bien être un démon à l'intérieur. Et quelqu'un de très laid ou d'insignifiant peut être un ange. Nous ne pouvons pas le savoir. Contrairement à Amma, nous n'avons pas la faculté de lire dans l'esprit et dans le cœur d'autrui.

Bouddha était un être très puissant. Parmi ses fidèles, il y avait des milliers de personnes inspirées par son esprit de renoncement. Un jour, au cours de ses déplacements, il est arrivé dans un village ; les autorités locales l'ont amené devant un rassemblement où de nombreux admirateurs attendaient son sermon. Il est resté silencieux un long moment. À la fin, quelqu'un dans la foule lui a demandé : « Que se passe-t-il, Swamiji, pourquoi ne commencez-vous pas votre *satsang* ? » « J'attends quelqu'un, » a répondu le Bouddha.

Il y avait des gens riches, des érudits, des hommes de métier et des fonctionnaires haut placés, tous les notables des environs. « Qui donc ? Nous sommes tous là. Qui manque encore ? » Finalement, une petite bergère vêtue de haillons est venue se joindre à la foule, sur le côté.

« Maintenant je peux commencer, elle est arrivée, » dit le Bouddha. « Vous attendiez cette fille ? Nous ignorions jusqu'à son existence. » « Elle est la seule dans le village qui soit réceptive. Elle pleurait en m'appelant ; elle a soif d'une vie selon le dharma et elle priait, sachant que j'allais venir. Du village voisin je pouvais sentir ses prières, je les entendais ; c'est pourquoi je suis venu. C'est pour elle que je suis ici, pas pour vous. »

Nous avons vu Amma réagir de la même manière envers ceux qui se languissent de sa présence. Beaucoup de dévots en ont fait l'expérience. Quelqu'un dans la foule pleure en appelant Amma et aussitôt elle regarde la personne, lève les sourcils ou lui sourit. Il s'agit là d'un « appel local », mais il y a aussi des appels « longue distance. »

Un jour, Amma est allée rendre visite à des dévots. Au beau milieu de la visite, elle s'est levée, elle est sortie et s'est dirigée vers un champ voisin qu'elle a traversé. Elle a marché pendant plus d'un kilomètre, et les dévots se demandaient bien où elle allait. Finalement, elle est arrivée dans une maison où habitaient trois Françaises qui étudiaient le *kathakali*, une technique dramatique spécifique au Kérala, dans un institut situé non loin de là.

Elles étaient venues plusieurs fois voir Amma à l'ashram d'Amritapuri et étaient au courant de sa visite chez des dévots du village, mais elles n'avaient pas pu se libérer pour aller la voir. Alors elles étaient restées dans la maison et faisaient une puja devant la photo d'Amma en pleurant de tout leur cœur.

« Ô Amma, Y a-t-il un moyen pour que nous puissions te voir ? » Elles savaient bien que c'était impossible. C'est alors qu'Amma est entrée ! C'était un appel longue distance. Contrairement à nous, Amma connaît le cœur de tous.

L'histoire du roi Midas

Certains s'imaginent que l'argent est tout et travaillent jour et nuit pour en gagner. Ils pensent que plus ils auront d'argent, plus ils seront heureux, mais il arrive que les riches soient très malheureux et les pauvres heureux. Cette croyance est l'effet du pouvoir d'illusion de *maya*.

Il y a fort longtemps vivait un roi appelé Midas. Il aimait tant l'or qu'il en avait accumulé des tonnes dans une pièce, dans le sous-sol de son palais. Il y descendait chaque jour et s'exclamait : « C'est absolument meeerveilleux ! » Voir l'or, le toucher, le faire sonner, suffisait à le ravir.

Midas avait une petite fille très mignonne qu'il adorait. Il l'appelait Bouton d'or parce qu'elle aimait cette fleur.

Un jour qu'il se trouvait dans sa salle au trésor, remplie d'or, il entendit un bruit dans la pièce. Il se retourna et vit un homme très grand, vêtu de blanc, qui le regardait d'un air désapprobateur.

« Midas, tu possèdes beaucoup d'or, n'est-ce pas ? »

« Oui, j'en ai beaucoup, mais après tout, regardez la quantité d'or qu'il y a dans le monde ! Il y en a beaucoup plus que ce que j'ai. »

« Veux-tu dire que tu n'es pas satisfait avec tout cela ? Tu en as des tonnes et ça ne te suffit pas ? » lui dit l'homme.

« Satisfait ? Comment pourrais-je jamais être satisfait ? Quelle que soit la quantité d'or que je possède, jamais je ne serai satisfait, » dit le roi.

« Étonnant ! Eh bien je peux exaucer les désirs, alors as-tu un souhait à formuler ? » demanda l'homme. Sans hésiter une seconde, le roi répondit : « Oui, je souhaite que tout ce que je touche se transforme en or. » « Es-tu certain de vouloir cela ? » « Oui, bien sûr, ce serait formidable, cela me rendrait très heureux. »

« Bien, d'accord. À partir de demain au lever du soleil, tout ce que tu toucheras se transformera en or ! » Et il disparut. Midas se dit : « J'ai dû rêver ou quelque chose du genre. Que s'est-il passé ? » Et il alla dormir.

Le lendemain matin, au réveil, il toucha légèrement la couverture pour voir si c'était un rêve, mais la couverture ne se transforma pas en or. C'est que les rayons du soleil n'étaient pas encore vraiment apparus à l'horizon. Au moment où ils se levaient, ses mains glissèrent sur la couverture et elle se changea en or ! Il s'écria : « Hé ! Mais ça marche ! » Il se leva d'un bond, fit le tour de la pièce en touchant tous les objets, et tous devinrent de l'or. Il débordait de joie.

En regardant dehors, il eut l'idée de changer toutes les fleurs en or pour plaire à sa fille. Il se dit : « Elle sera si heureuse si je change toutes les fleurs en or ! » Il descendit dans le jardin et toucha toutes les fleurs. Revenu dans sa chambre, il vit le livre qu'il lisait la veille au soir et le prit pour continuer sa lecture. Mais le livre se transforma en or. « Oh non ! Impossible de le lire maintenant ! Bon, tant pis, il vaut mieux que ce soit de l'or. »

Puis il eut faim et demanda qu'on lui apporte son petit déjeuner habituel : du café, des petits pains et un fruit. Mais quand voulut manger, tout se changea en or. « Aie, Comment vais-je pouvoir prendre mon petit déjeuner ? » Même le verre d'eau était devenu de l'or.

Le problème devenait sérieux. Il ne savait plus quoi faire. « Que vais-je faire ? Vais-je mourir de faim? Je ne peux pas me nourrir d'or ! » Pendant qu'il se lamentait ainsi, Bouton d'or est entrée. Elle tenait des fleurs d'or.

« Papa, qu'est-il arrivé à mes belles fleurs ? Elles n'ont plus de parfum. Elles ne poussent plus, elles ne bougent plus, elles sont toutes raides. »

« Ma fille chérie, je pensais que cela te plairait beaucoup mieux ainsi. »

« Je veux des fleurs vivantes, je ne veux pas d'un morceau d'or sans vie ! » Puis, voyant qu'il était très malheureux, elle s'approcha de lui pour l'embrasser.

« Papa, qu'est-ce qui ne va p- ? » Le « as » ne sortit même pas de sa bouche ; elle était devenue une statue en or. C'en était trop pour le roi qui s'effondra en pleurant, en se lamentant sur son sort. C'est alors qu'il entendit une voix « Ô roi Midas, es-tu content ? Ton vœu a été exaucé, tout ce que tu touches se transforme en or. »

« Je suis le plus misérable des hommes. Je t'en prie, rends-moi ma fille. Je ne veux plus de cet or. Si seulement je peux redevenir normal, je distribuerai tout mon or. » « Va prendre un bain dans la rivière et rapporte un pichet d'eau. Tout ce à quoi tu veux redonner sa forme d'origine, asperge-le d'un peu d'eau, » lui dit la voix.

Une fois que tout fut redevenu normal, le roi Midas ne voulut plus jamais regarder l'or. Le seul or qu'il aimait, c'était celui de la lumière du soleil et celui de la chevelure de sa fille.

Ne nous laissons pas prendre aux apparences. La plupart des gens considèrent l'argent comme une source de bonheur et la beauté aussi peut en paraître une. L'un et l'autre ont leur usage, mais ils ne nous sont pas aussi chers que notre vrai Soi. Un jour, nous saurons que rien ne peut nous combler autant que la béatitude infinie qui provient du contact avec Brahman. Ce même Brahman est notre Amma, notre propre Soi.

CHAPITRE 5

Un guru est indispensable

Amma dit :

« Pour un chercheur spirituel, il est indispensable d'avoir un guru. Si un enfant s'approche d'une mare, sa mère lui signale le danger et l'en éloigne. De même, le guru donne les instructions adéquates lorsque c'est nécessaire. Son attention est toujours orientée vers le disciple. »

C'est aussi le point de vue qui fait autorité en Inde depuis des milliers d'années.

Tous ceux qui dans le passé ont réalisé le Soi avaient un maître spirituel, à quelques rares exceptions près. Ces êtres-là étaient nés parfaits ou bien ils avaient fait tant de *sadhana* dans leurs vies antérieures, sous la direction d'un guru, que dans leur vie présente il ne leur restait plus grand-chose à faire pour atteindre la Réalisation ultime. Chez des êtres de cette envergure, le Guru éternel, Dieu, brille intérieurement sous la forme de la lumière de la conscience et les guide sur le reste du chemin. Nous ne pouvons pas nous comparer à eux. Pour nous, il est essentiel d'avoir un guru.

L'histoire de Namdev

Il y a environ sept cents ans vécut en Inde, dans le Maharashtra, un grand saint du nom de Namdev. Ce n'était pas un dévot ordinaire. Dès l'enfance, il avait la faculté de voir le Seigneur Vishnou, qu'il appelait Vithoba, et de jouer avec Lui comme un enfant joue avec son ami. Un jour, le Seigneur eut le sentiment qu'il était temps pour Namdev de passer à un autre stade de la *sadhana*, celui qui consiste à voir et à sentir la présence de Dieu à la fois en soi, comme la lumière de la conscience, et à l'extérieur, comme tout ce qui existe dans la création. Il dit à Namdev de se rendre dans un endroit appelé Terdoki, où se déroulait un festival annuel auquel beaucoup de *mahatmas* participaient.

De nombreux saints illustres de l'époque, tels que Jnanadev, Nivruttinath, Sopanadev, Muktabai et Chokhamela s'étaient rassemblés chez le saint Gora Kumbhar, potier de son état. Une fois que tous ces grands *mahatmas* eurent pris place, Jnanadev pria Gora d'employer ses talents de potier, habile à tester la dureté des pots sortis du four, pour voir lesquels, parmi les saints assemblés, étaient correctement « cuits. »

Gora prit alors son bâton de potier et frappa doucement la tête des saints pour déterminer leur maturité spirituelle. Tous se soumirent humblement à cette épreuve, mais quand ce fut le tour de Namdev, il protesta et se leva en maugréant, ce qui fit hurler de rire toute l'assemblée. Gora déclara que Namdev n'était pas bien cuit, qu'il était encore spirituellement immature.

Namdev, déconcerté et humilié, courut au temple trouver son bien-aimé Vithoba. Il se plaignit, mais Vithoba répondit que les saints savent ce qui est bon pour chacun. Cette réponse inattendue ne fit que contrarier Namdev davantage. Il répliqua : « Tu es Dieu. Je parle et je joue avec Toi. Est-ce qu'un être humain peut obtenir quelque chose de plus ? » Vithoba insista : « Les saints savent. » « Dis-moi s'il existe quelque chose de plus réel que Toi ! » dit Namdev.

Vithoba répondit avec patience : « Nous sommes si proches que mes conseils n'auraient pas sur toi l'effet désiré. Va voir le saint mendiant Vishoba Kechar dans la forêt et connais la Vérité. »

Namdev écouta donc Vithoba et à contre cœur, il se mit en quête de Vishoba Kechar ; mais ce qu'il vit ne lui fit pas une impression favorable : cet homme nu, sale et allongé par terre dans le temple, les pieds sur un Shivalinga, était-ce bien un saint ? Comment était-ce possible ? Le saint, lui, sourit à Namdev et lui demanda : « Est-ce que c'est Vithoba qui t'a envoyé ? »

Ce fut une grande surprise pour Namdev, qui fut ensuite plus enclin à croire à la grandeur de cet homme. Il lui demanda : « Les gens disent que vous êtes un saint, alors pourquoi manquez-vous de respect au linga sacré ? » Le saint répliqua « Vois-tu, je suis trop vieux et trop faible pour faire ce qui est juste. S'il te plaît, soulève mes pieds et pose-les là où il n'y a pas de linga. »

Namdev souleva donc les pieds du saint et les plaça ailleurs, mais un autre linga surgit à cet endroit. Partout où il posait les pieds du *mahatma*, un linga apparaissait en-dessous. Exaspéré, Namdev finit par les poser sur ses genoux et le résultat, c'est qu'il fit l'expérience du *samadhi* ! Il comprit alors que Dieu est en tout, et ayant appris cette Vérité, il partit après s'être prosterné devant son guru.

De retour chez lui, il fut plusieurs jours sans aller au temple. Vithoba vint chez lui et lui demanda pourquoi il ne venait pas Le voir au temple. « Y a-t-il un lieu au monde où Tu n'es pas ? » répondit Namdev. Sans la grâce d'un guru, Namdev n'aurait pas pu réaliser cette vérité.

Namdev retourna ensuite à la maison de Gora. Il voulait se prosterner devant tous les *mahatmas* et leur demander pardon, mais à peine était-il entré que tous les saints se levèrent en disant : « Voyez, c'est Namdev, et maintenant, il a un guru ! » Ils le serrèrent dans leurs bras et lui souhaitèrent la bienvenue au *satsang*.

Le disciple ne peut pas avoir conscience de tous les obstacles qui se dressent dans son mental. *Maya*, la puissance universelle qui plonge l'individu dans l'ignorance de sa nature réelle, est insondable. Seul celui qui a transcendé *maya* en réalisant le Soi connaît sa nature. Seul un *mahatma* sait comment guider une âme ignorante vers l'état qui transcende *maya*. Seul celui qui a déjà fait l'ascension de la montagne et atteint le sommet peut saisir la complexité du chemin.

L'ascension d'Arunachala

J'ai un jour eu le désir de faire l'ascension de la colline sacrée d'Arunachala, où je vivais à l'époque. C'est un mont d'environ 500 mètres de hauteur. Le plus simple en apparence, c'était de prendre le chemin le plus court, bien visible. Le problème, c'est que si vous essayez, vous arrivez à un endroit sans issue ; il faut ensuite revenir jusqu'au point de départ, sans doute à moitié mort d'épuisement et de soif. J'avais eu l'occasion de parler à des gens qui avaient commis cette erreur, et j'ai donc décidé de suivre le chemin traditionnel, celui que les dévots empruntent lors du festival annuel de Kartik Dipam. À ce moment-là, on place un énorme chaudron au sommet de la montagne. On le remplit de *ghī* (beurre clarifié) et on allume une mèche.

La flamme symbolise la lumière de la sagesse, qui disperse les ténèbres de l'ignorance dans laquelle sont plongées toutes les créatures. Elle est visible à des kilomètres à la ronde. Des centaines de milliers de dévots se rassemblent pour la voir. Lors des premières années de ma vie à Amritapuri, Amma est venue trois fois assister à ce festival.

Ce qui est étrange, c'est que si l'on regarde la montagne et que l'on suit de l'œil le chemin emprunté par les dévots, il paraît aller à l'encontre du bon sens, comme s'ils se fourvoyaient. Mais quand on fait soi-même l'ascension et que l'on arrive au sommet, on constate qu'il n'y a en fait pas d'autre chemin, malgré les apparences. Ceci illustre bien la nécessité d'un guide expérimenté, tant dans le monde extérieur que dans le monde intérieur.

Un disciple est pareil à un enfant ignorant

> « La seule vraie sagesse, c'est de savoir qu'on ne sait
> rien. »
> « Je sais que je suis intelligent parce que je sais que je
> ne sais rien. »
>
> –Socrate

Amma compare le disciple ou le *sadhak* à un enfant, un enfant ignorant qui ne sait pas vraiment ce qu'il fait ni ce que fait le guru. La tâche du guru est unique et suprêmement difficile : constamment purifier le disciple, nettoyer la moindre particule de poussière déposée sur le miroir de son mental, pour qu'il puisse faire l'expérience intérieure de la Vérité du Soi.

Beaucoup de gens accumulent des connaissances (intellectuelles) avant de rencontrer un *mahatma* et s'imaginent ensuite pouvoir les utiliser dans leur vie spirituelle. En fait, il est rare que ce savoir les aide ; en général, il crée des obstacles sur leur chemin spirituel. La spiritualité ne s'acquiert pas dans les livres. Seule la compagnie d'un Maître réalisé et sa grâce, associées à des efforts personnels intenses dans la *sadhana,* peuvent nous y donner accès.

Il était une fois un moine qui vivait dans un ermitage, dans la forêt. Un professeur de philosophie est venu de la ville voisine lui rendre visite. « Je vous en prie, parlez-moi de la spiritualité, de la Réalité intérieure et de la façon dont on parvient à cette expérience. » Le moine l'a regardé et a répondu : « Vous avez l'air bien fatigué après ce long trajet. Je vous en prie, reposez-vous un peu et prenez une tasse de thé. »

Puis il est sorti préparer du thé et l'a apporté dans une théière. Il a mis une tasse dans la main du professeur et lui a servi le thé. Mais une fois la tasse remplie, il a continué à verser ; le thé coulait sur la main de son invité et se répandait par terre.

« Arrêtez, arrêtez, est-ce que vous êtes fou ? Ma tasse ne peut pas contenir une goutte de plus ; elle déborde ! » s'est écrié le professeur. Le moine a ri et a dit : « Vous savez très bien qu'une tasse pleine ne peut rien contenir de plus et que c'est peine perdue de vouloir y verser quoi que ce soit. Pourtant, vous me demandez de vous donner un enseignement sur la spiritualité alors que vous êtes rempli d'idées préconçues.

Revenez-donc après avoir vidé votre « tasse » car à présent, elle ne peut contenir une goutte de plus et ce serait une perte d'énergie d'essayer d'y verser quoi que ce soit. »

Que signifie « vider sa tasse » ? La tasse représente évidemment ici le mental. Malheureusement, il est plus difficile de vider le mental que de vider une tasse. C'est qu'il est extrêmement complexe. Comment faire ? Espérons que le professeur a posé la question au moine et qu'il est resté pour entendre la réponse !

La vie spirituelle n'est pas facile. Cela ne revient pas à escalader une montagne, mais plutôt à la niveler ! La montagne, c'est l'ego, la personnalité qui fait l'erreur de prendre le corps pour le Soi. C'est la source de tous nos problèmes.

Amma dit :

> « L'idée que nous sommes le corps engendre toujours la souffrance. De ce corps, nous ne sommes que les locataires. À un moment donné, il nous sera demandé de partir et il faudra alors le quitter. Avant cela, tant que nous sommes dans le corps, nous devons atteindre l'Eternel. Si nous sommes propriétaires d'une maison, nous n'aurons pas de difficulté à quitter dans la joie celle que nous avions louée. Nous vivrons ensuite dans la demeure éternelle de Dieu. »

L'ego n'est pas de pierre. Il grandit ou diminue selon nos actions et nos pensées. Avec des efforts et la grâce du guru, il est possible de l'affamer jusqu'à ce qu'il n'existe plus.

Un Indien d'Amérique se promène avec son fils. Il dit à l'enfant : « Il y a en nous deux loups qui combattent. L'un est doux, gentil et patient. L'autre est méchant, égoïste et cruel. » « Lequel va gagner, papa ? » Le père répond : « Celui que nous nourrissons. »

Les passions telles que l'attachement, l'aversion, le désir et la colère font grandir l'ego. Comment mettre fin à cette croissance ?

Amma dit :

> « Nous devons nous libérer de toutes les *vasanas* (tendances négatives) que nous avons accumulées, mais il est difficile de le faire d'un seul coup. Cela exige une pratique constante. Chantons notre mantra constamment, que nous soyons assis, debout ou couché. En répétant le mantra et en visualisant la forme de Dieu, les autres pensées s'estomperont et notre mental sera purifié. Pour nous laver de la notion du « moi », employons le savon du « Toi. » Quand nous percevons toute chose comme Dieu, le « moi », c'est-à-dire l'ego, s'évanouit et le « Moi » suprême brille en nous. »

Quand Amma dit qu'il faut visualiser la forme de Dieu, nous pouvons l'entendre comme toute forme de Dieu qui nous attire et que nous sommes capables de concevoir. Cela inclut des aspects sans forme tels que la lumière, la paix, l'immensité, etc.

Selon Amma, le guru doit constamment surveiller le disciple, sinon celui-ci risque de « tomber dans la mare et de se noyer. » L'adverbe « constamment » a une grande importance. Il est nécessaire que nous fassions constamment notre *sadhana* et qu'Amma nous surveille constamment. La différence, c'est que la *sadhana* exige un grand effort de notre part tandis qu'Amma, le Soi présent dans le cœur de chacun, peut nous observer tous pendant l'éternité, cela ne lui demande aucun effort. Il est important de prendre conscience qu'elle nous voit à chaque instant.

Deux jeunes garçons viennent demander à un guru de les accepter comme disciples. Le maître décide de les mettre à l'épreuve. Il donne à chacun un pigeon et leur dit : « Prenez ces oiseaux et que chacun de vous tue le sien sans être vu de personne. Ensuite, rapportez-le moi et je vous enseignerai la connaissance spirituelle. » Le premier garçon emmène l'oiseau dans la cour, regarde autour de lui et ne voyant personne, lui tord le cou. Puis il le rapporte et le dépose aux pieds du guru. « Bon, voyons ce qu'a fait l'autre garçon, » dit le guru.

Le second se rend dans une épaisse forêt et il s'apprête à tuer l'oiseau, quand il voit que celui-ci le regarde. Il ne réussit pas à suivre les instructions du guru. Il a beau aller dans des lieux isolés, chaque fois qu'il veut tuer le pigeon, il voit que l'animal le regarde. Il rapporte finalement l'oiseau vivant et le dépose devant le guru.

« Swami, bien que j'aspire intensément à recevoir la connaissance, je ne parviens pas à remplir la condition que vous avez posée. Partout où je suis allé, il y avait toujours quelqu'un me regardait ; je n'ai donc pas pu tuer l'oiseau. Ô maître, je vous en

prie, bénissez-moi en m'accordant la véritable connaissance ! »
déclare le deuxième garçon.

« Fils, dit le guru, c'est toi qui es apte à recevoir la connaissance spirituelle. Il faut toujours avoir la sensation que le grand
Maître, le Seigneur, nous regarde sans cesse. Alors on ne risque
pas de commettre des actions nuisibles au progrès spirituel. »

Éveiller le guru intérieur

Beaucoup de dévots qui passent du temps en compagnie d'Amma remarquent qu'elle semble toujours connaître leurs pensées
et leurs actions. Elle le manifeste par un regard entendu, un
sourire, un froncement de sourcils ou bien par quelques paroles
qui nous font comprendre qu'elle est le Témoin de toutes les
pensées et émotions. Quand il s'agit de guider ses dévots, elle
prend beaucoup d'initiatives. Elle est pour nous un modèle
sous presque tous les aspects. Je dis « presque », parce qu'il est
évidemment impossible pour nous de faire tout ce qu'elle fait.
Nous ne pouvons pas rester assis vingt-quatre heures d'affilée
à écouter les problèmes et les requêtes des gens. Nous ne pouvons pas veiller chaque jour jusqu'à l'aube. Nous ne pouvons
pas sourire à tous ceux que nous rencontrons et bien sûr, nous
ne pouvons pas réconforter réellement une seule personne qui
vient à nous affligée d'une profonde détresse.

Mais nous pouvons cultiver la patience, donner plus
d'amour à tous, renoncer à notre égoïsme pour le bien-être et
le bonheur d'autrui, devenir plus humble et plus serviable et
éviter que des paroles méchantes ou blessantes ne sortent de
notre bouche. En nous comparant à Amma, nous pouvons

peu à peu purifier nos actions et finalement éveiller le guru intérieur, qui sommeille à l'intérieur de nous.

Certains disent qu'il suffit d'écouter la petite voix de Dieu à l'intérieur de soi et de suivre ses instructions. Mais il y a en nous tant de voix et la plupart, sinon toutes, bien plus fortes que celle de Dieu ! Le mental de la plupart d'entre nous est rempli de désirs, de peurs, d'attractions et de répulsions. Essayer d'entendre « la petite voix » intérieure revient à vouloir entendre un murmure dans la cacophonie d'une foule bruyante.

Mais si nous écoutons notre maître, avons foi en ce qu'elle dit et comparons ses paroles et ses actes aux voix et aux impulsions qui se manifestent en nous, nous parviendrons peu à peu à discerner entre la voix du guru et celle du mental. Amma sait que nous en sommes capables et nous encourage peu à peu à le faire. Mais tant que nous n'avons pas atteint la Libération, nous sommes tenus de donner préférence à la voix extérieure du guru plutôt qu'à la voix intérieure.

CHAPITRE 6

Le guru est Brahman

Gurur Brahma Gurur Vishnu
Gurur Devo Maheshwara
Gurur Sakshat Parabrahma
Tasmai Shrī Guruve Namah

Le guru est Brahma, le guru est Vishnou
Le guru est Maheshwara (Shiva)
Le guru est le Brahman suprême,
Nous nous prosternons devant ce guru

On dit que plus de quatre-vingts pour cent de la population humaine croit à l'existence d'une Puissance supérieure. Les anciens sages de l'Inde, les *rishis*, grâce à la pureté parfaite de leur mental, ont pu se mettre sur la fréquence de Cela. Ils sont devenus des canaux de cette Puissance et ils l'ont perçue comme la *Trimurti (les trois formes)* : Brahma le Créateur, Vishnou the Préservateur, et Maheshwara, le Destructeur de la Création ; tous les trois ont surgi du Sans-forme, de l'Existence et Intelligence absolue, Brahman.

Les sages étaient capables de percevoir l'Absolu transcendant, mais par compassion pour l'humanité, incapable de concevoir la grande Réalité sans forme, ils ont communiqué l'existence de la *Trimurti*. Ils savaient bien que les humains, pour trouver le bonheur et la paix intérieure, avaient besoin d'un moyen de communier avec le Suprême à un niveau conceptuel, par l'adoration et la prière. Ils ont donc donné l'exemple en vénérant la *Trimurti*.

Comme l'affirme la Gita :

« Les actions d'un grand homme sont imitées par les autres. Le monde suit l'exemple qu'il donne. »

–Ch.3, v. 21

Le mental humain est extrêmement limité. Même ceux d'entre nous qui croient à l'existence du Créateur n'ont qu'une idée très vague de ce qu'est cet Être, cette Puissance. Nous Le décrivons comme omniscient, omnipotent et omniprésent, mais en vérité, Dieu n'est pour la majorité d'entre nous qu'un vague concept. Inconsciemment, nous l'imaginons comme une version idéalisée de nous-même. Si un moustique était capable de penser à l'Être suprême, il Le concevrait sans doute comme un moustique énorme, tout-puissant et omniscient !

Dans un verset célèbre des Védas, la source qui faisait autorité en matière de spiritualité dans Inde ancienne, il est dit :

« Celui qui connaît Brahman devient Brahman. »

–Mundaka Upanishad (3.2.9

En d'autres termes, celui qui a vraiment l'expérience directe du Brahman absolu, Source de tout et au-delà, devient cette Réalité infinie. D'autres font peut-être l'expérience de cette Réalité dans l'état de *samadhi*, mais seule l'âme réalisée est devenue Cela à cent pour cent. Leur sens de l'individualité s'est élargi jusqu'à devenir la Conscience infinie.

Dans l'Ancien Testament, Dieu dit à Moïse :

> « Tu ne peux voir Ma Face car l'homme ne peut Me voir et vivre ! »
>
> –Exode 33:20

Cela signifie peut-être que lorsqu'on réalise pleinement Dieu, l'individualité meurt et qu'il ne reste que Dieu. La goutte se fond dans l'Océan de Lumière.

Le guru mantra nous rappelle un fait très important : le guru ne fait qu'un avec Dieu. Mais à cause de la puissance de *maya*, nous ne percevons généralement pas cette vérité. Nous avons peut-être des raisons de le croire, nous vivons des expériences, mais malgré tout, des doutes se lèvent régulièrement dans notre esprit. C'est sans doute pourquoi certaines *Upanishads* commencent par une prière qui dit :

> Om, puisse Dieu nous protéger tous deux (le maître et l'élève).
> Puisse Dieu nous nourrir tous deux,
> Puissions-nous travailler ensemble avec énergie et vigueur
> Puisse notre étude nous éclairer,
> Sans que naisse d'hostilité.
> Om paix, paix, paix.

La Réalité du guru

Pour la plupart, nous sommes constamment actifs ; cette activité, qu'elle soit mentale ou physique, est généralement motivée par des peurs et des désirs égoïstes. Lorsque nous allons voir un *mahatma*, c'est pour obtenir sa bénédiction, pour que nos désirs soient comblés ou nos craintes apaisées. Mais un guru authentique sait qu'en définitive, tous ceux qui prennent refuge en lui doivent un jour se tourner vers l'intérieur et purifier leur mental, afin que leur paix ne soit plus affectée par les désirs et les peurs.

Dans la relation entre guru et disciple, le disciple doit faire des efforts pour se purifier, afin d'accéder à l'expérience de son unité avec le guru, qui incarne Brahman. Le guru montre sans cesse la voie au disciple, de l'extérieur comme de l'intérieur, dans son cœur.

Une grande part de cette interaction prend l'ego du disciple à rebrousse-poil. Le guru a la connaissance et perçoit le disciple comme Brahman, mais le disciple est identifié à l'ego, à sa personnalité. Il peut arriver que le disciple se mette en colère contre le guru ou même le haïsse, ce qui risque de faire obstacle à son progrès. C'est pourquoi la prière ci-dessus implore qu'il n'y ait pas d'hostilité entre eux.

Comme dit le proverbe : « La familiarité engendre le mépris. » Le guru ne fait qu'un avec Brahman. Nous avons beau le savoir et le croire, nous tombons sans cesse dans le piège qui consiste à l'oublier, à cause de la familiarité que nous avons avec le guru. Arjuna lui-même, célèbre par la Bhagavad Gita, s'est montré trop familier envers son cousin et conducteur de char, le Seigneur Krishna.

Le Seigneur dit :

> « Voilé par Ma *maya* (*l'illusion*), Je ne me révèle pas à tous. Le monde, égaré, ne Me reconnaît pas en tant

que l'Impérissable, non-né. Je connais, Ô Arjuna, les êtres passés, présents et à venir, mais nul ne Me connaît vraiment. »

–Ch.7, v. 25-26

Ayant entendu ces paroles, Arjuna fut saisi du désir intense de faire l'expérience de la Réalité qui se dissimulait derrière la forme de Krishna. Beaucoup de parents et de compagnons de Sri Krishna croyaient qu'Il était une incarnation divine mais leurs idées, leurs paroles et leurs actions ne reflétaient pas cette croyance.

Arjuna dit : « Tu es en vérité le Seigneur ; mais je désire voir cette Forme divine telle que Tu viens de la décrire, Ô Être suprême ! Si Tu penses que je suis capable de la voir, Ô Seigneur du Yoga, révèle-moi Ta forme impérissable. »

–Ch.11, v. 3-4

Le Seigneur dit : « Tu ne peux Me voir avec tes yeux humains. Je te donne donc un œil divin grâce auquel tu pourras contempler Ma puissance souveraine (*yoga*) ! »

–Ch.11, v.8

Alors (voyant la Forme universelle avec l'œil divin de la connaissance donné par le Seigneur) Arjuna émerveillé, les cheveux dressés sur la tête, inclina la tête avec respect devant le Seigneur, et les paumes jointes en adoration, il s'adressa ainsi à Lui :

Ch.11, v.14

« Tu es l'Impérissable, l'Être suprême, digne d'être connu ; Tu es le support ultime de cet univers ; Tu es le Protecteur du *dharma* éternel et l'Être impérissable. Je Te vois sans commencement, milieu ou fin, Puissance infinie ; le Soleil et la Lune sont Tes yeux ; Ta bouche est un feu ardent dont l'éclat brûle dans tout l'univers.

Dis-moi qui Tu es. À Toi j'offre mes salutations, Ô Dieu suprême ! Accorde-moi Ta grâce, je désire Te connaître, Toi l'Être primordial !

–Ch.11, v. 18-19 et 31

Le Seigneur dit : « Je suis le Temps puissant qui dévore tout, manifesté ainsi pour anéantir ces créatures. Que tu combattes ou non, ces guerriers prêts à la bataille doivent mourir. »

–Ch. 11, v. 32

Après avoir entendu ces paroles du Seigneur, Arjuna apeuré se prosterna les mains jointes devant Lui et, saisi de peur, s'adressa de nouveau à Krishna, d'une voix tremblante :

–Ch. 11, v. 35

« Si parfois, par affection ou par négligence, je T'ai appelé « Ô Krishna, Ô Yadava, Ô mon ami, » en Te considérant uniquement comme un ami parce que j'ignorais Ta grandeur ; si en plaisantant, je T'ai manqué de respect, en marchant, au repos, assis ou bien pendant les repas, que j'aie été seul (*avec Toi*) ou en compagnie d'autres personnes, j'implore Ton pardon.

Tu es le Père de ce monde, de tous les êtres animés et inanimés. C'est Toi qu'il faut adorer ; Tu es le plus grand des gurus. Dans les trois mondes, Tu es sans égal ; qui donc pourrait Te surpasser, Ô Être à la gloire incomparable ?

Donc, en m'inclinant devant Toi, en me prosternant de tout mon corps, j'implore Ton pardon, Ô Seigneur digne d'adoration ! Comme un père pardonne à son fils, un ami à son ami très cher, un amoureux à sa bien-aimée, il Te sied de me pardonner, Ô Seigneur.

–Ch. 11, v. 41-44

Le Seigneur dit : « Il est extrêmement difficile de voir cette Forme que tu as vue. Même les dieux ont le désir ardent de la contempler. Ni par l'étude des Védas, ni par les austérités, ni par la charité, ni par les rituels, on ne peut obtenir la vision de cette Forme que tu as vue. C'est grâce à une dévotion exclusive que l'on peut Me voir ainsi, Ô Arjuna, Me connaître et aussi M'atteindre. Arjuna, celui qui Me consacre toutes ses actions et Me considère comme son Soutien et

son But, celui qui est Mon dévot, libéré de tout attachement et qui n'éprouve d'inimitié envers aucune
créature, celui-là vient à Moi, Ô Pandava ! »

–Ch. 11, v. 52-55

Les dévots d'Amma ne sont-ils pas dans une situation similaire
à celle d'Arjuna ? Nous sommes engagés dans la bataille de la
vie, intérieurement et extérieurement. Par un coup de chance
inimaginable, dû au karma ou à la pure grâce, nous sommes
arrivés aux pieds sacrés d'Amma. Nous croyons qu'Amma s'est
incarnée en ce monde pour aider les êtres humains à se tourner
vers Dieu, vers leur être réel. Tout ce qu'elle fait, chaque regard,
chaque mot, chaque contact, est fait pour éveiller les âmes qui
ont la bonne fortune de venir à elle, quelle qu'en soit la raison.

Afin d'évoluer parmi nous, presque comme l'une d'entre
nous, elle s'est enveloppée d'un manteau d'illusion, de Yoga
maya. Mais n'oublions jamais qu'elle n'est pas comme nous. Son
expérience intérieure est au-delà de tout ce que nous pouvons
imaginer ou concevoir. Elle est une incarnation de Brahman
qui joue le rôle d'un être humain exceptionnel. À coup sûr,
elle est incompréhensible pour ceux qui s'identifient au corps.
Nous ne voyons que la pointe de l'iceberg.

Rappelons-nous constamment les paroles du Seigneur:

« C'est grâce à une dévotion exclusive que l'on peut
Me voir ainsi, Ô Arjuna, Me connaître et aussi
M'atteindre. Arjuna, celui qui Me consacre toutes
ses actions et Me considère comme son Soutien
et son But, celui qui est Mon dévot, libéré de tout

84

attachement et qui n'éprouve d'inimitié envers aucune créature, celui-là vient à Moi, Ô Pandava ! »

C'est une occasion en or qui nous est donnée à tous d'évoluer et d'atteindre les sommets spirituels, la Réalisation et la libération du cycle incessant de la naissance et de la mort. Puissions-nous tirer avantage de cette occasion, si rare qu'elle s'offre à nous une fois peut-être dans de nombreuses vies, nous remémorer constamment qui est Amma et nous efforcer d'obtenir sa toute-puissante bénédiction.

CHAPITRE 7

La Présence du guru est unique

A mma dit :
« Dieu est en tout, mais la présence d'un guru est unique. Bien que le vent souffle partout, nous ne goûtons la fraîcheur qu'à l'ombre d'un arbre. La brise qui souffle dans son feuillage rafraîchit le voyageur qui endure la canicule, n'est-ce pas ? De même, ceux qui vivent dans la chaleur brûlante du monde ont absolument besoin d'un guru. La Présence du guru leur apporte paix et tranquillité. »

De nombreux chercheurs spirituels (*sadhaks*), après s'être entrainés aux pratiques et avoir accompli une *sadhana*, rassemblent des disciples ; ils leur donnent des cours sur la spiritualité, leur enseignent les Écritures et les instruisent sur la façon de méditer et de faire d'autres pratiques spirituelles. De tels maîtres répondent sans nul doute à un besoin. Mais quand Amma emploie le mot « Guru », elle ne parle pas d'un enseignant. Elle désigne ainsi un être établi dans l'union avec Dieu. En réalité, personne d'autre ne mérite l'appellation de « Guru » avec un grand G.

Un guru est un être qui vit dans la conscience, dans l'expérience perpétuelle qu'il est le Soi intérieur de chacun et de toute chose. Pour de tels êtres, la Création est un livre ouvert. Ils possèdent le pouvoir spirituel, que l'on nomme grâce, d'élever la conscience de quelqu'un d'une simple pensée ou d'un regard. D'un côté, on dit que la grâce se répand sur tous, qu'elle est universelle, mais c'est aussi un pouvoir que détiennent les âmes réalisées et que l'on peut recevoir sous la forme d'une bénédiction.

Selon Amma, l'effort est nécessaire pour réaliser le Soi, mais cet effort même est dû à la bénédiction d'un guru ; une fois qu'on est allé jusqu'au bout de l'effort, la Réalisation ultime arrive par la seule grâce du guru. Amma parle de ces gurus-là, des *mahatmas* qui vivent dans l'unité avec l'Absolu ; ils sont extrêmement rares.

Comme le dit le Seigneur Krishna dans la Bhagavad Gita :

« Le yogi qui poursuit assidûment ses efforts, après s'être purifié et perfectionné au cours de nombreuses vies, atteint en vérité le But suprême. »

–Ch. 6, v. 45

« Au terme de nombreuses vies, l'homme sage Me vénère, comprenant que tout est Vasudeva (*Dieu*). Il est très rare de rencontrer une telle âme (*mahatma* ; grande âme). »

–Ch. 7, v. 19

Le lait est dans la vache, mais encore faut-il savoir la traire. Ainsi, Dieu est présent dans chaque atome de la Création et au-delà, mais il y a certains endroits où l'on peut sentir sa présence et en bénéficier. La Présence divine se manifeste dans un lieu où les gens se rassemblent pour chanter des *bhajans*, prier et méditer. Leur concentration purifie l'atmosphère de ses vibrations profanes. Les lieux de culte, les ashrams, les monastères et les endroits où des saints et des *sadhaks* vivent ou ont vécu dans le passé manifestent le Divin, à des degrés variés : ceux qui s'y rendent ressentent une paix qui n'est pas de ce monde et il leur est plus facile de se concentrer pour méditer.

Beaucoup d'entre nous ont visité quelques-uns des plus anciens temples de l'Inde, Kanchipuram, Tiruvannamalai, Rameshwaram, Tirupati ou Kashi. Amma dit que les temples les plus puissants en Inde, qui attirent des millions de dévots et qui existent depuis des temps immémoriaux, ont été établis par des *mahatmas*. Dans de tels endroits, on perçoit de manière réelle et tangible la paix et la tranquillité qui règnent dans l'atmosphère. C'est une paix différente de celle que nous connaissons lorsque nous allons nous promener dans les bois ou dans la nature. Cette paix-là aussi est pure, mais elle n'est qu'un pâle reflet de l'expérience spirituelle concrète que nous offrent les lieux saints.

Ces endroits sont devenus sacrés parce que des saints, qui avaient concentré et purifié leur mental, y sont venus et y ont vécu. Ils étaient remplis de la Présence de Dieu. Une fois que les *mahatmas* ont quitté leur corps, si les dévots continuent les pratiques spirituelles et dévotionnelles, la sainte Présence demeure ou même augmente en intensité.

L'aura

Le concept d'aura est devenu très populaire dans la culture occidentale ; beaucoup de gens acceptent comme un fait établi que tout objet a une aura et émet des radiations subtiles. Amma dit que les êtres qui ont des pensées positives, orientées vers le bien-être d'autrui ou de l'univers, émettent une couleur dorée subtile, visible à ceux qui ont une vision spirituelle subtile.

Elle dit :

> « Chacun est entouré d'une aura subtile. Comme on enregistre des paroles, nos actions laissent une empreinte subtile sur cette aura. On peut le voir clairement autour de ceux qui font une *sadhana*. L'aura d'un *sadhak* est puissante. Celle des autres n'a pas cette caractéristique. L'aura des personnes ordinaires est sombre ou brumeuse. Plus elles sont égoïstes, méchantes et égocentriques, plus leur aura est foncée. Elles sont constamment confrontées à des obstacles et à des problèmes. Au moment de la mort, cette noirceur les fait chaque fois redescendre sur terre, où elles souffrent. Mais si nous cultivons de bonnes pensées et accomplissons de bonnes actions, cette même aura prend une couleur dorée qui nous aide à évoluer vers des plans de conscience supérieurs. Quoi qu'entreprennent de tels êtres, les obstacles sont éliminés et le résultat est favorable.

Si l'on fait du mal à un *tapasvi* (quelqu'un qui se livre à des austérités), les vibrations ainsi créées dans son aura ont un effet destructeur sur les agresseurs. Au moment de la mort, l'aura quitte le corps en même temps que les tendances propres à l'âme et elle flotte dans l'atmosphère, un peu comme ballon d'hélium. Elle ne peut pas rester dans le corps après la mort.

Elle choisit un corps adapté aux désirs et aux attachements de la vie précédente et s'y incarne. »

En présence d'une âme pure, nous sommes heureux, en paix, détendus, comme chez nous. Auprès d'êtres en qui les pensées et les sentiments négatifs prédominent, nous ressentons le contraire : nous sommes mal à l'aise, craintifs, agités ou irrités.

Des *mahatmas* émane une présence divine et puissante. Leur corps individuel est relié à leur nature infinie, et ils deviennent un canal de la Présence infinie. Cette vérité est exprimée dans un verset de la Gita :

> « Des sages austères qui se sont affranchis du désir
> et de la colère, qui contrôlent leurs pensées et ont
> réalisé le Soi, émane la paix remplie de béatitude de
> *Brahman*. »

> –Ch. 5, v. 26.

Il est peut-être nécessaire de clarifier ce que l'on entend normalement en Inde par un sage ou un saint. Y a-t-il une différence ou bien est-ce juste une question de sémantique ? Traditionnellement, un saint est une personne qui aspire à réaliser Dieu et qui est parvenue à un certain degré de pureté intérieure. Un tel être reflète la présence de Dieu, mais pas dans sa totalité. Il lui faut encore travailler pour accéder à la perfection, à la pureté intérieure absolue. Un sage est celui qui a atteint l'union permanente avec l'Être suprême, qu'il mène une vie recluse ou bien prodigue son enseignement à l'humanité entière. Un sage peut être appelé « saint », mais les saints ne sont généralement pas considérés comme des sages.

La paix qui entoure les sages

Le Seigneur Krishna commence par dire : « Des sages austères... » Que signifie « austère » ? Cela décrit un style de vie caractérisé par une discipline qui s'applique à tous les aspects de la vie et par le contrôle des plaisirs du corps et du mental. Les *mahatmas,* qui ont vécu ainsi et atteint la Réalisation, continuent à mener la même vie, expression naturelle de leur parfaite simplicité et de leur contentement. Ils n'aspirent à rien, puisqu'ils sont déjà établis dans un état de paix parfaite.

Ils sont toujours centrés sur Dieu, pleins de béatitude, et s'il leur arrive de plaisanter, il y a toujours un motif sérieux à leurs blagues : éveiller les gens, leur faire comprendre la nécessité d'une vie tournée vers Dieu. Le mot « austère » indique leur expérience intérieure plus qu'il ne décrit leur mode de vie extérieur. Ils sont dans un état inimaginable et indescriptible, qui transcende la conscience du corps. Ils sont la Conscience même.

La Gita affirme que trois portes conduisent l'âme (*jva*) en enfer : le désir, la colère et l'avidité. Les sages sont des êtres dont le mental est devenu pur, libre de toute pensée, si bien qu'il ne reste rien hormis le Soi ou Dieu. « ...qui sont libres du désir et de la colère. » On peut comparer leur mental à un ciel clair, sans nuage ni poussière. Aucun désir ne surgit en eux parce qu'ils sont dans une plénitude et un contentement éternels, ayant réalisé l'Unité.

La colère non plus ne se lève pas en eux, puisqu'ils n'ont aucun désir, pas même au niveau subtil. La colère est le fruit d'un désir insatisfait, mais les sages n'en ont aucun. Il se peut qu'ils expriment de la colère pour corriger une personne ou remédier à une situation, mais cette colère n'est que de surface. Manifestée pour le bien d'autrui, elle est pareille à une ligne tracée sur l'eau et disparaît en un instant.

La patience de Socrate

Le grand philosophe Socrate avait une épouse très impatiente et coléreuse, une constante bénédiction pour cultiver la patience ! (Bien sûr, cela aurait pu être n'importe qui ayant la même nature, pas seulement une épouse). Un jour qu'il réfléchissait profondément à un problème philosophique, sa femme est venue comme d'habitude lui crier dessus, en employant un langage très dur, grossier et insultant. Elle le vilipendait, l'insultait et cherchait à attirer son attention. Mais Socrate l'a ignorée, plongé dans ses pensées. Il allait toujours jusqu'au bout d'une chose avant d'entreprendre la suivante.

C'est un comportement que l'on observe couramment de nos jours chez ceux qui ne peuvent détacher les yeux de leur ordinateur ou de leur smart phone pour parler à un visiteur ! Elle avait beau tonner et l'embêter, il continuait à l'ignorer. À la fin, prise de rage, elle lui a versé une bassine d'eau sale sur la tête. Socrate a-t-il été troublé, s'est-il mis en colère ? Pas le moins du monde. Il a souri, il a ri, puis il a déclaré : « Aujourd'hui, la véracité du proverbe qui dit « Quand il tonne il pleut souvent des trombes » a été vérifiée ! » On pourrait dire qu'il était très insensible, mais ce n'est pas la morale de l'histoire.

Il ne s'agit pas de se laisser décourager par la difficulté de l'entreprise qui consiste à maîtriser la colère. Comme dit le proverbe : « Il n'y a pas de difficultés, il n'y a que des occasions offertes. » Si Socrate y est totalement parvenu, pourquoi pas d'autres ? Les circonstances difficiles nous offrent l'occasion de nous exercer. Les sages sont ceux qui ont atteint l'état où ils n'ont plus de désir et donc plus de colère… un véritable exploit !

Selon Sri Krishna, la condition nécessaire pour réaliser le Soi est « d'avoir maîtrisé le mental. » Nous aurons beau visiter des temples, adorer Dieu, chanter des *bhajans*, aller au *satsang*, réciter cent millions de mantras, méditer, lire les Ecritures, aller en Inde et y passer cinquante ans, si notre mental ne devient pas calme grâce à la concentration et au contrôle de soi, nous n'obtiendrons pas le fruit de ces pratiques spirituelles, qui est la paix intérieure. Quand le mental disparaît, ce qui reste, c'est notre vrai Soi, notre nature réelle, Dieu.

La seule chose qui fait obstacle à la vision de Dieu, à la réalisation du Soi, c'est notre mental agité. Quand le mental est parfaitement pur, qu'il n'a plus d'autre pensée que la présence de Dieu, du Soi, alors il se fond en sa source, qui est la Conscience, Dieu. Quand on fait frire un beignet (ou un *vada*) on sait qu'il est prêt lorsqu'il n'y a plus de bulles. La chaleur de *tapas* fait remonter en nous toutes les pensées pour que nous puissions les détruire. Quand il n'y a plus de pensées, nous sommes « cuits à point ! »

Autour de tels êtres règne « la paix pleine de béatitude de Brahman » comme le dit Sri Krishna. Un grand nombre de dévots en ont fait l'expérience auprès d'Amma.

Une nuit, pendant un darshan à Chicago, Amma m'a fait appeler pour traduire une conversation avec des dévots. La personne dont c'est le *seva* habituel n'était pas là, et ce fut donc à moi de remplir ce devoir. Je me suis assis, mais j'ai senti une telle paix émaner d'Amma que mon mental ne fonctionnait plus du tout. Comme un idiot, je suis resté planté là, avec un sourire stupide. Je l'ai regardée et je lui ai dit : « Je me sens tellement... » et avant que je puisse terminer ma phrase, elle a demandé : « Paisible ? »

Quand on a demandé à Sri RamanaMaharshi comment reconnaître un *mahatma*, il a répondu : « À la paix intérieure que l'on éprouve en sa présence et au respect que l'on ressent naturellement pour lui. »

Cela se passait à Santa Fé, pendant une des premières tournées d'Amma aux Etats-Unis. Une femme passait trois ou quatre heures au fond de la pièce pendant le darshan de la journée. À l'époque, il n'y avait pas grand monde. Cette personne ne s'intéressait guère à la spiritualité, mais elle éprouvait beaucoup de respect et d'affection pour Amma. Amma s'est levée, elle est rentrée dans sa chambre et cette femme est venue me dire : « Il règne une telle paix dans cette pièce... si quelqu'un peut rendre ce monde meilleur, c'est bien Amma. » Cette affirmation venait d'une personne qui ne possédait pas la réceptivité que donne la méditation ; malgré tout, elle était sensible à la paix qui émane d'Amma.

L'énergie qui émane d'un mahatma

La paix qui émane des *mahatmas*, la paix de Brahman, n'agit pas seulement sur l'esprit en lui apportant la tranquillité mais aussi sur le corps. Les dévots qui veillent toute la nuit pendant le darshan se sentent frais et pleins d'énergie, alors qu'ils se couchent habituellement bien plus tôt. Il existe en Inde un festival annuel, Mahashivaratri (la grande nuit de Shiva).

Le festival commence à 6 heures du matin et se termine à 6 heures le lendemain matin. Les gens ne sont pas censés dormir pendant ce temps mais faire des pratiques dévotionnelles comme l'adoration ou la méditation. La plupart d'entre eux trouvent difficile de veiller et certains vont même voir des films dévotionnels pour ne pas s'endormir. Mais en présence d'Amma, c'est différent. Sa présence donne de l'énergie à tous, sans même qu'ils en aient conscience. Il y a de nombreuses années, un des frères d'Amma souffrit un jour d'une forte fièvre ; il était très agité. Il se trouve que j'étais assis auprès d'Amma avec un groupe de dévots avec lesquels elle s'entretenait. Son frère est venu s'asseoir près d'elle ; il avait l'air très abattu. Au bout de quelques minutes, il s'est levé et il est parti. Quelques minutes plus tard, il est revenu. Il a recommencé ce manège un certain nombre de fois. Je lui ai demandé ce qui se passait.

Il a répondu que chaque fois qu'il s'asseyait près d'Amma, il était complètement soulagé de sa fièvre, mais que dès qu'il s'éloignait, la fièvre revenait. Il se demandait ce qui lui arrivait, et si cela avait quelque chose à voir avec sa sœur. Il a fini par comprendre que la proximité physique d'Amma était la cause de ce soulagement. C'est après cette expérience que sa foi en Amma est devenue profonde et durable.

Le fait de passer autant de temps en la présence physique d'Amma aide beaucoup dans leur évolution spirituelle les rares âmes qui ont la possibilité de vivre à l'ashram en Inde. Pour le reste d'entre nous, il est bon aussi de passer autant de temps que possible avec elle. Nous finirons ainsi par éprouver sa paix pleine de béatitude où que nous soyons. Mais d'ici là, gardons-nous de baigner dans l'autosatisfaction et de croire que sa présence n'est pas nécessaire à notre progrès spirituel. Rien n'est plus éloigné de la vérité ; il n'existe pas d'aide supérieure à la proximité physique d'Amma.

CHAPITRE 8

Les ténèbres intérieures

Ceux d'entre nous qui s'intéressent à la vie spirituelle n'avaient sans doute pas la moindre idée, au début, des difficultés que l'on rencontre sur la voie. Nous avions lu la biographie de Bouddha et d'autres saints, et nous pensions que contrairement à eux, il nous suffirait d'un petit effort pour connaître la béatitude du *samadhi*, de l'éveil. Notre ego et notre ignorance nous soufflaient qu'il ne nous faudrait pas longtemps pour réaliser le Soi, un peu comme un enfant de cinq ans penserait qu'après la maternelle, il lui suffira d'un petit effort pour décrocher un doctorat. Un peu de chance et un peu de travail, et nous y parviendrions, comme c'est le cas pour les buts qu'on se fixe dans la vie. Mais bien sûr, tel n'est pas le cas.

La réalisation n'est pas pour ceux qui cherchent la facilité. Il n'y a pas de raccourcis. Plus un objet est précieux, plus il est cher. Et que recherchent avant tout les créatures ? La paix. Et qui obtient la paix ? Le Seigneur Krishna dit dans la Gita :

> « Quand un homme agit sans désir personnel, ayant renoncé à tout, délivré de la notion du « moi » et du « mien », il trouve la paix. Ô Partha, tel est l'état divin ; quand on l'atteint, on est libéré de l'illusion.

Une fois établi dans cet état, fût-ce au moment de la mort, on goûte la béatitude de l'union avec Brahman. »

–Ch. 2, v. 71-72

Lorsque notre désir d'atteindre des états élevés de la spiritualité devient sérieux, certains d'entre nous cherchent l'aide d'une personne qui a réussi et peut nous montrer la voie. Ce qu'on apprend dans les livres est limité. Quel niveau d'étude peut atteindre un enfant qui n'est pas guidé par un professeur ? Et si nous trouvons un maître expérimenté qui est prêt à nous aider et à nous donner des instructions, que se passe-t-il ? Une foule de choses, mais pas ce que nous attendions. C'est un peu comme si nous allions chez le médecin avec une toux et que nous nous retrouvions en salle d'opération. Notre maladie est plus complexe que ce que nous pensions.

Quelques mois après mon arrivée à l'ashram, j'étais assis avec Amma devant le *kalari*, le petit temple qui était alors le centre de notre vie. Un visiteur occidental vint s'asseoir aussi. Il était intéressé par la Réalisation mais n'avait pas encore fait d'effort sérieux en ce sens avant de venir voir Amma. Elle l'a regardé et lui a dit : « Fils, tu désires passer tes nuits et tes jours en *samadhi*, n'est-ce pas ? » Il a hoché la tête et en voyant cela, Amma a souri en faisant « Hmmm. » Ce « Hmmm » avait un sens profond, qu'aucun de nous n'a compris à l'époque.

Amma seule savait quel intense processus de purification serait nécessaire pour y parvenir, probablement l'équivalent de plusieurs vies. Cet homme venait d'occident. Il avait lu quelques livres sur la spiritualité et il croyait sans doute que quelques mois d'efforts sous la direction d'Amma suffiraient pour qu'il atteigne le *samadhi*. Peut-être la paix qu'il ressentait en présence d'Amma l'avait-elle amené à cette conclusion.

Les premiers signes du progrès

Une des premières choses qui se produisent chez un chercheur sérieux, une fois qu'il fait réellement des efforts pour mettre en pratique les instructions du guru, c'est une forte montée de l'inertie, de la léthargie. Amma dit :

> « Quand on essaie d'éliminer les pensées négatives, elles causent des ennuis. Mes enfants, si vous avez sommeil pendant la méditation, prenez bien soin de ne pas succomber à l'esclavage du sommeil. Dans les stades initiaux de la méditation, toutes les qualités tamasiques (d'inertie) remontent. Si vous êtes vigilants, elles finiront par disparaître. Quand vous avez envie de dormir, levez-vous et faites le *japa* (répétition du mantra) en marchant ; utilisez le *mala* (rosaire) en le tenant contre la poitrine avec vigilance. Continuez votre *japa* sans hâte. Si vous avez encore sommeil, faites le *japa* debout sans vous appuyer sur quoi que ce soit ni bouger les jambes. »

Quand j'ai commencé mes pratiques spirituelles, j'avais dix-huit ans. Je ne sais pas pourquoi, mais atteindre le but de la Réalisation du Soi est devenu une question de vie ou de mort. Après mon arrivée en Inde, j'ai été frappé par une calamité. Chaque fois que je fermais les yeux, je m'endormais en moins d'une demi-seconde, même si j'avais dormi huit heures la nuit précédente. Si quelqu'un me parlait, il n'était pas exceptionnel de me voir baisser la tête et m'endormir en l'écoutant. Ou bien j'étais en train de lire, et je me retrouvais par terre, en tas, comme une méduse hors de l'eau.

C'était affreux, épouvantable. J'étais malheureux, je songeais : « Que m'arrive-t-il ? Je suis venu en Inde pour réaliser Dieu, et tout ce que je peux faire c'est perdre conscience ! En me voyant assis dans la posture du lotus dans le hall de méditation de l'ashram, certains dévots auraient pu croire que j'étais un bon méditant. La tranquillité du *samadhi* et celle du sommeil ont parfois la même apparence, mais elles sont très différentes. En fait, c'est le jour et la nuit, le *samadhi* étant le jour et le sommeil la nuit.

Je ne savais pas quoi faire. La situation était grave ; j'étais profondément contrarié et accablé. Je suis allé trouver mon guide spirituel de l'époque et je lui ai demandé : « Que dois-je faire ? Je pensais que la méditation était la voie vers la réalisation ; à ce train-là, ce n'est plus la peine d'y penser ! Peut-être qu'après tout, ce n'est pas ma voie ! »

En écoutant sa réponse, je me suis endormi ! Je me disais : « J'ai sans doute une maladie, quelque chose comme la maladie du sommeil ; je l'ai peut-être attrapée sur le bateau en venant ici. Je n'avais pas ce problème avant de partir en Inde. » Je lui ai dit : « Je crois que je suis malade. »

« Bien a-t-il répondu, si c'est ton sentiment, il y a un très bon hôpital privé à 35 kilomètres d'ici. Pourquoi ne pas y aller et faire faire un examen complet, avec une évaluation psychiatrique ? »

Je n'avais aucune envie de quitter sa compagnie et mon *seva* (service), mais comme je n'avais pas le choix, me semblait-il, j'ai accepté. Je suis parti le lendemain, j'ai passé dix jours dans cette clinique où j'ai fait tous les examens possibles. Ils m'ont même fait un électroencéphalogramme pour vérifier les ondes du cerveau. Quand j'ai enfin eu le rapport, il disait : « Vous n'avez rien, vous pouvez rentrer chez vous. » À mon retour, j'ai annoncé à mon maître qu'ils n'avaient rien trouvé.

Il a répondu : « Bien sûr. Croyais-tu vraiment qu'ils allaient trouver quelque chose ? » « Mais alors pourquoi m'y avez-vous envoyé ? »

« Je voulais que tu saches que tu n'as aucun problème physique. Ce *tamas* si épais est le fruit non seulement de la vie que tu as menée avant de venir ici, mais aussi de tes vies antérieures. Toute cette obscurité refait surface maintenant.

Quand on veut nettoyer une bouteille sale, on y met de l'eau propre pour enlever la saleté. Maintenant tu essaies de concentrer ton mental et la première chose qui émerge, c'est l'inertie. Tu dois la combattre jusqu'à ce qu'elle perde toute sa force. Le mot « *tamas* » lui-même signifie « auquel il est difficile de résister. »

Comment vaincre tamas

« Chaque fois que tu sens approcher l'inertie, que ton mental devient tamasique, émoussé, distrait ou assoupi, tu dois le retirer de cette léthargie avec toute ta volonté et le concentrer intensément sur autre chose. Si quelqu'un te parle, ne laisse pas ton esprit vagabonder, concentre-le totalement sur ses paroles. Ne laisse pas ton mental devenir hébété. Si tu veux lire, lis en te mettant debout au milieu de la pièce.

Ne t'adosse jamais contre quoi que ce soit. Ainsi, ton
système nerveux restera mobilisé, et cela t'aidera à
triompher de l'inertie. »

J'habitais près d'une montagne sacrée. Mon maître m'a dit de
partir chaque soir à minuit et de faire en courant le chemin
qui fait le tour de la montagne, long de dix kilomètres. Cela
m'aiderait à me libérer d'une partie de cette inertie, disait-il.
Et il n'était pas à court d'idées pour m'épauler dans cette lutte
pour rester éveillé ! Il cuisinait pour nous deux. J'aime la cuisine
indienne mais je n'ai jamais pu développer l'amour que tant
d'Indiens ont pour les piments.

J'ai lu récemment qu'ils possèdent de nombreuses vertus
excellentes pour la santé, mais apparemment ma langue n'est
pas assez épaisse pour les apprécier. Il en existe de nombreuses
variétés et certaines ont des noms réellement effrayants : Bombe
cerise, Pétard, Super piment, Feu Thaï, Démon rouge, Faucheur
de Caroline, Scorpion Morouga, et Vipère naga !

Il cuisinait toutes sortes de plats avec une quantité de
piments double ou triple de l'assaisonnement habituel. J'avais
le nez et les oreilles qui coulaient, tout coulait. Et il me disait
de ne pas recracher les piments, mais de les avaler quand je les
trouvais dans ma nourriture. Il disait qu'ils me chaufferaient
le corps et me rendraient plus actif. Et en définitive, il avait
raison. Ce fut une vraie bataille mais j'ai réussi à me libérer de
cette inertie.

Ce fut une lutte à mort mais je suis très reconnaissant de
l'avoir menée car cela m'a permis de comprendre la nature de
tamas et de développer la volonté nécessaire pour en triompher. C'est une étape vers l'acquisition de la capacité d'arrêter

le mental, de lui dire : « Reste tranquille s'il te plaît, » et de le faire obéir. Nous aurons beau attendre l'éternité, jamais le mental ne s'arrêtera de lui-même. Il faut lutter pour l'apaiser et dans un tel combat, nous développons la volonté nécessaire pour maîtriser son agitation.

Les conseils d'Amma

Nous devons faire l'effort, c'est ce que dit Amma. Il s'agit d'essayer sans se lasser, jusqu'à ce que nous réussissions. Mais...

> « Quand on essaie d'éliminer les pensées négatives, elles causent des ennuis. »

Mis à part l'obscurité de *tamas*, des pensées indésirables surviennent. Nous devenons plus négatifs, coléreux, enclins au jugement et les appétits des sens augmentent ; toutes sortes de choses troublantes et étranges se produisent, auxquelles nous ne nous attendions pas. La béatitude spirituelle semble alors un rêve fort éloigné. On ne peut pas dire qu'Amma ne nous a pas avertis ! Ce n'est pas que nous n'ayons pas eu ces traits de caractère négatifs avant de commencer nos pratiques spirituelles, mais nous aimions les satisfaire : ils n'étaient pas un problème pour nous.

Maintenant notre attitude a changé et nous avons pris conscience de toutes les ordures indésirables accumulées dans notre maison, le mental. Amma dit :

> « Quand ces pensées surviennent dans le mental, utilisons notre discernement : « Ô mon mental, à quoi sert-il d'entretenir de telles pensées ? Est-ce que cela va t'aider à atteindre ton but ? »

En d'autres termes, Amma nous dit que si le mental fait une éruption de tendances négatives ou *vasanas*, il faut lui dire : « Est-il utile de penser à tout cela ? Est-ce que c'est ton but ? » Avec un peu de chance, nous avons compris quel devrait être notre but : la paix intérieure. »

L'importance du détachement

Amma nous dit que jusqu'à une époque récente, notre but était de rechercher le bonheur dans les objets et dans les relations. Curieusement, nos traits négatifs eux-mêmes nous procuraient un certain bonheur. La critique, la colère, les commérages, l'orgueil, l'arrogance, toute la gamme des pensées, des paroles et des actions liées à la sexualité, nous y trouvions une forme de plaisir. Plus nous nous adonnions à ces habitudes, plus elles s'ancraient en nous et pour finir, elles sont devenues notre nature. Pour traiter à la racine un mental agité, Amma conseille :

> « Développez un détachement absolu envers les objets du monde. »

Amma emploie le mot « détachement absolu. » Elle accorde une importance extrême à la nécessité du détachement pour ceux qui ont choisi la voie spirituelle. *Vivekachudamani*, un ouvrage classique écrit par Sri Sankaracharya, traite du chemin vers la Réalisation du Soi. Le texte dit :

> « Pour celui qui possède la maîtrise de soi, je ne vois pas de meilleur moyen d'atteindre le bonheur que le détachement. Si ce détachement est associé à une Réalisation du Soi très pure, il mène à la suzeraineté

de la Liberté absolue, qui est elle-même l'accès à la Libération éternelle. Donc, pour votre bien-être, soyez détachés intérieurement et extérieurement et gardez votre esprit toujours fixé sur le Soi éternel. »

–v. 376

Ce qui nous empêche de faire des progrès rapides dans la vie spirituelle, c'est qu'il nous manque la force du détachement. Notre degré de détachement par rapport aux objets, ce qui inclut le corps et le monde dans lequel il vit, indique le progrès que nous ferons dans nos efforts pour plonger à l'intérieur. Les désirs maintiennent notre attention à la surface. « Détachement total » et « concentration parfaite » désignent la même chose.

Le détachement apparaît dans un mental qui discerne la véritable nature du corps et du monde. Un tel discernement nous mène à la prise de conscience qu'il est impossible de trouver un bonheur éternel par les moyens que nous adoptons d'ordinaire, même si tel est notre désir. Certes, le corps et le mental nous procurent un certain bonheur grâce au plaisir dont nous jouissons, mais les âmes douées de discernement n'y trouvent pas leur compte. Heureusement, il est possible de trouver le bonheur éternel, nous dit Amma ; encore faut-il le chercher là où il se trouve réellement.

Il s'agit pour nous d'être profondément convaincus, par l'observation, par les livres qui traitent de spiritualité ou par la compagnie de *mahatmas* comme Amma, qui vivent dans cette conscience transcendante, que cet état existe bien et mérite l'effort nécessaire pour l'atteindre. Le résultat d'une *sadhana* constante, c'est que le mental devient parfaitement tranquille, stable, pure Conscience, notre vrai Soi. Que nous concevions cette Réalité comme notre vraie Nature ou comme le Seigneur universel présent en nous, le détachement est nécessaire. L'amour de Dieu (du Soi) ne peut grandir que si nous y consacrons entièrement notre esprit et notre cœur. Comme il est dit dans la Bible :

> « Tu aimeras le Seigneur ton Dieu de tout ton cœur,
> de toute ton âme, et de toutes tes forces. »
>
> –Deutéronome 6:5

L'amour divin n'est possible que si nous cultivons un détachement absolu et travaillons sans cesse à recentrer notre esprit agité.

CHAPITRE 9

L'ego et le Soi

« Qu'est-ce que la véritable confiance en soi ? Chez celui qui la possède, elle ne provient pas de l'ego mais de la conscience du Soi. »

–Amma

Quand Amma parle de « confiance en soi, » il ne s'agit pas de la confiance ordinaire du petit ego, mais plutôt de la foi, de la confiance et de la sagesse que nous insufflent la dévotion envers Dieu, envers le guru, ainsi que l'expérience de leur présence. Quand nous vivons avec un vrai guru, nous observons ses actions, ses paroles et ses enseignements et la foi en son mode de vie grandit en nous. Peu à peu, nous nous mettons à lui ressembler. À l'issue d'une pratique prolongée, notre être intérieur est réglé sur la fréquence de la divine Présence qu'il incarne ; comme lui, nous sommes centrés et établis dans la Conscience divine.

Bien plus que la lecture de livres sur la spiritualité, vivre avec un *mahatma* comme Amma, même pendant peu de temps, nous permet de voir ce que sont réellement l'amour divin et la confiance dans le Soi. On dit que « Dieu est amour ». Pour la plupart des gens, ce ne sont que des paroles abstraites. Comment

Dieu peut-Il être amour, quand il y a tant d'inégalités et de souffrances dans le monde ? Le Créateur a créé tous les humains égaux, nous dit-on. La *Déclaration d'Indépendance des États-Unis d'Amérique*, qui date de 1776, affirme :

> « Nous considérons ces vérités comme allant de soi : que tous les hommes naissent égaux et que le Créateur leur a donné certains droits inaliénables parmi lesquels la vie, la liberté et la recherche du bonheur. »

La vie d'Amma est un message qui donne un sens très différent au mot « égalité. » L'égalité innée qui est censée régner entre tous se transforme en inégalité à mesure que nous grandissons. Dès l'enfance, nous rencontrons le favoritisme et la discrimination. Mais l'égalité incarnée par Amma n'englobe pas seulement tous les humains, elle inclut aussi les plantes et les animaux. Comme Amma est identifiée à la Vie et à la Conscience universelle, elle perçoit ce Principe en tout et cela s'exprime par un amour égal et désintéressé de tous les êtres. La vision qu'elle a de l'Unité est exactement à l'opposé de l'égocentrisme et de l'égoïsme.

L'égocentrisme : un sens exagéré de sa propre importance ; l'habitude de parler trop de soi-même.

Egoïsme : l'égoïste est celui qui fait passer ses désirs et ses besoins avant ceux de toute autre personne, une personne extrêmement égoïste.

Voir l'unité dans la diversité

Les êtres comme Amma voient l'Unité dans la diversité. Ils s'identifient à chacun. En renonçant totalement à l'individualité et à ses manifestations, telles que le désir, la peur, etc., ils ont élargi leur conscience de soi, qui est passée d'un tout petit ego limité à l'Être infini.

> « Celui-là excelle qui voit d'un même œil les personnes bienveillantes, les amis, les ennemis, les gens indifférents ou impartiaux, les individus malveillants, les proches parents, les justes et les pécheurs »

–Bhagavad Gita, Ch. 6, v. 9

De tels *mahatmas* ont réussi à maîtriser le mental vagabond grâce à une pratique répétée et en demeurant dans la Conscience de Brahman ; ils possèdent donc l'équanimité. Les êtres qui ont atteint la Réalisation du Soi se perçoivent comme étant Brahman et ils voient tout comme étant Cela. Le Seigneur Krishna poursuit :

> « Celui qui est établi dans le yoga voit le Soi en tous les êtres et tous les êtres dans le Soi. Il voit le Soi en tout.
>
> Celui qui Me voit en toute chose et voit toute chose en Moi n'est pas séparé de Moi et Je ne suis pas séparé de lui.
>
> Le yogi qui, établi dans l'unité, M'adore, Moi qui demeure en tous les êtres, ce yogi vit en Moi, quel que soit son mode de vie.
>
> Celui qui perçoit tout d'un œil égal, tout étant pour lui à l'image du Soi, qu'il s'agisse du plaisir ou de la douleur, un tel être est considéré comme le meilleur des yogis. Ô Arjuna ! »

–Bhagavad Gita, Ch. 6, v. 29-32

Ce dernier verset est le même que l'enseignement donné dans la Bible et que l'on appelle la Règle d'Or ou l'Éthique de la réciprocité :

> « Il faut traiter les autres comme on voudrait soi-même être traité ; il ne faut pas faire à autrui ce qu'on ne voudrait pas qu'on nous fasse. »

Bien sûr, il s'agit ici d'une recommandation morale et non d'une expérience de la conscience de l'Unité.

Méditation sur Amma

Amma ne parle pas beaucoup d'elle-même mais, en étudiant la Bhagavad Gita, nous pouvons avoir une petite idée de son expérience intérieure et du But que nous devons nous efforcer d'atteindre. Les pensées et les sentiments inutiles qui encombrent notre mental disparaissent peu à peu pour laisser place au souvenir d'Amma, à la dévotion et à l'amour pour elle.

Nous remarquons peut-être que nous acceptons maintenant des situations qui nous fâchaient auparavant. Intérieurement, nous nous référons à l'exemple d'Amma quand nous parlons aux autres et entrons en relation avec eux. Peu à peu, notre ego est purifié et reflète la personnalité d'Amma. Le « moi » est remplacé par le « Toi ». Nos actions et nos pensées deviennent les siennes. Le détachement s'éveille en nous et avec lui, un sentiment de paix.

Bien plus tard, nous développons la confiance dans notre Soi, puisqu'il la reflète ; nos peurs perdent leur force à mesure que le sentiment de la présence intérieure d'Amma augmente. Nous ne parlons plus d'humilité, nous *sommes* vraiment humbles. Notre ego devient transparent et souple, et nous sentons en permanence dans notre esprit la présence d'Amma, la Réalité immuable qui est son support. Nous tendons à n'être rien, elle devient tout.

La dévotion fanatique et le Sanatana Dharma

À un certain stade de la vie spirituelle, un dévot devient intolérant vis-à-vis de ceux qui sont différents de lui. Il arrive que la foi toute neuve en un guru, un livre sacré ou une religion tourne au fanatisme ou à l'étroitesse d'esprit.

C'est bien naturel puisque la personne est convaincue de la grandeur de la vie nouvelle qu'elle a choisie. En fait, cette attitude est très utile à un certain stade de la spiritualité. Il est bon d'être concentré uniquement sur sa foi parce que cela nous évite les distractions, la mollesse, le manque de force de caractère ou de motivation. Il est très commun pour les dévots de vagabonder, d'aller d'ashram en ashram et de guru en guru. Un jour ou l'autre, il faut choisir un maître et une pratique. Comme dit le proverbe « Pierre qui roule n'amasse pas mousse. »

Un des traits sublimes du *Sanatana Dharma*, ou de l'Hindouisme, comme on l'appelle communément, c'est l'acceptation de toutes les conceptions de Dieu et de toutes les voies qui mènent à Lui. Regardez l'acceptation universelle incarnée par Amma. Il n'y a en elle aucune bigoterie, aucune étroitesse d'esprit. Il nous faut être sincèrement voué à la voie que nous avons choisie, tout en restant ouverts à celles des autres, ce qui exige une certaine habileté et une certaine maturité.

Une professionnelle des téléphones est un jour venue à l'ashram de San Ramon. Elle ne s'intéressait absolument pas à la spiritualité. Elle a vu l'immense photo d'Amma sur le mur et tout en parlant des téléphones, elle la regardait. Il était évident qu'elle était curieuse de savoir qui était Amma.

« Qui est cette femme ? » a-t-elle demandé.

« Eh bien c'est une sainte de l'Inde, un peu comme Mère Theresa, » ai-je répondu. J'ai constaté que cette référence est une bonne manière d'introduire Amma vis à vis des gens qui ignorent tout de la spiritualité de l'Inde. Mère Theresa est mondialement connue et considérée comme une sainte.

Elle a répondu : « Ah vraiment ? Est-ce qu'elle croit que Jésus Christ est le seul Fils de Dieu ? » Je ne m'attendais pas à cette question. Il fallait réfléchir vite. « Elle croit que Jésus-Christ est *un* Fils de Dieu, mais pas le seul. »

« Comment est-ce possible ? »

« Eh bien, réfléchissez. Il y a des milliers d'années que les humains sont sur terre. Est-il possible que pendant toutes ces années, Dieu n'ait eu la bonté de s'incarner qu'une seule fois ? Et que tout le monde doive ensuite croire à cette seule incarnation? Et que parmi tous ceux qui ont vécu avant cela, aucun n'ait pu être sauvé parce qu'ils ont eu la malchance de naître à une autre époque ? J'ai le sentiment que Dieu, qui est infini et éternel, doit se manifester de temps à autre, quand les choses vont trop mal, pour nous aider, et que Jésus était une de ces incarnations de Dieu. »

Alors elle a dit : « Oh, je n'y avais jamais pensé de cette façon. Cela paraît logique. » Puis nous avons simplement parlé d'Amma. Elle a eu l'air contente et elle a dit : « Je vais essayer de vous donner le meilleur prix, même si ma commission doit en souffrir. » Elle était très heureuse d'apprendre que quelqu'un comme Amma vivait aujourd'hui sur terre. J'ignore si elle est ensuite venue voir Amma ou non, mais elle a au moins eu le darshan d'Amma par l'intermédiaire d'une photo. Contrairement à certains, elle avait l'esprit ouvert.

Vous serez peut-être surpris d'apprendre que même entre Hindous, il arrive que les dévots se querellent à propos de leur conception de Dieu. Ce n'est plus trop le cas aujourd'hui, mais croyez-le ou non, il y a quelques siècles, différentes sectes religieuses allaient jusqu'à se battre et même s'entretuer, par « dévotion » pour leur Dieu !

Le Shivaïte et le Vaïshnavite

Deux dévots marchaient dans la rue, en direction opposée, quand il se mit à pleuvoir des cordes. Le seul abri en vue était une vieille maison délabrée, sur le côté de la rue, et ils se précipitèrent tous les deux à l'intérieur ; les voici assis dans l'une des pièces, en attendant que la pluie s'arrête. L'un deux s'appelait Shivadas, c'était un dévot de Shiva, un shivaïte. À quoi les reconnaît-on ? Ils ont sur le front trois traits horizontaux de *bhasma* (cendre). L'autre homme, Vishnoudas, était un dévot de Vishnou, un Vaïshnavite, et il portait un *namam*, trois lignes verticales, sur le front.

Ils se regardèrent et décidèrent de s'ignorer à cause de leurs différences. Puis ils se tournèrent le dos pour ne pas avoir à regarder le Dieu de l'autre. Cela semble fou, n'est-ce pas ? Mais combien de temps cela pouvait-il durer ? Ils ont fini par se parler, ce qui était bien naturel. Qu'ont-ils dit ? Quel sujet de conversation ont-ils forcément choisi ? Ils ont essayé de se convaincre mutuellement de la supériorité de leur Dieu !

Vishnoudas déclara : « Écoute, mon Dieu vertical soutient la maison même où tu t'es réfugié. Tu vois les murs ? Ils sont verticaux, comme mon Dieu. » Shivadas n'était pas homme à accepter cela sans mot dire : « Ton pauvre Dieu ! C'est une bête de somme ! Tout ce qu'Il sait faire, c'est porter des fardeaux sur son dos. Vois mon Dieu ; Il est horizontal et repose joyeusement sur ton Dieu, » dit-il en montrant les poutres en bois qui traversaient le plafond.

Il fallait bien que Vishnoudas lui réponde : « Tu as l'esprit vraiment étroit pour affirmer une chose pareille. Vois mon Dieu vertical ; regarde les poutres verticales qui reposent sur les chevrons. Maintenant admet que mon Dieu vertical est plus grand que ton Dieu horizontal. » Shivadas, très fâché, ne pouvait pas accepter une telle affirmation, et il répliqua : « Est-ce que tu es aveugle ? Ne vois-tu pas que sur ton Dieu vertical, il y a aussi un Dieu horizontal ? Les bambous soutiennent le toit ! »

Comme il n'y avait plus rien à l'intérieur de la maison à propos de quoi ils auraient pu discuter, Vishnoudas est sorti sous la pluie et en regardant le toit, il a dit : « Vois, au-dessus du toit, au-dessus des bambous, il y a des tuiles verticales, donc mon Dieu vertical est bien plus grand que ton Dieu horizontal, c'est moi qui gagne. » Alors Shivadas est sorti et il a constaté que la dernière chose sur le toit, ce sont les tuiles ; au-dessus, il n'y a que le ciel, et personne ne peut dire si c'est un Dieu horizontal ou vertical. Il s'est mis très en colère.

Il a sauté sur le toit et a jeté toutes les tuiles par terre en disant : « Je vais t'apprendre ce qu'Il est, ton Dieu ! »

Voyant cela, Vishnoudas a cassé les bambous. Shivadas a cassé les chevrons, puis Vishnoudas les poutres. Enfin Shivadas a démoli les murs et ils sont restés sous la pluie, épuisés, mais heureux d'avoir tous les deux gagné la dispute en détruisant complètement la maison.

Il est vraiment absurde de débattre pour savoir quel Dieu est supérieur ou quel guru est le plus grand. Dieu se rit sans doute de nous, puisque nous sommes complètement ignorants de la nature réelle de Dieu et du guru. Dieu n'est pas une personne comme nous. Dieu est *Akhanda Satchitananda,* Être-Conscience-Béatitude sans division, le Soi de chacun. Rien n'est séparé de Lui.

CHAPITRE 10

Le Mont Everest de la Spiritualité

En un sens, la vie spirituelle est comparable à l'ascension du Mont Everest. Elle exige des efforts et une attention constants, presque surhumains. C'est une entreprise où l'on s'engage à la vie à la mort. Il faut être extrêmement vigilant à tout moment et éviter les pièges, car il suffit de glisser un peu pour chuter.

Avant tout, il est essentiel d'avoir un guide expérimenté. Cette aventure n'est pas pour tout le monde, même si elle vaut tous les sacrifices aux yeux de celui qui désire savourer la vue magnifique qui s'offre du sommet.

Le sage Narada, qui était à la fois un grand dévot et une âme réalisée, a écrit un traité sur la dévotion, la *bhakti*, intitulé *Narada Bhakti Sutras*. Un *sutra* est un texte qui exprime une idée sous une forme concentrée. Narada nous met en garde contre certains des pièges que l'on rencontre sur la voie spirituelle et nous enseigne ce qu'il faut faire pour atteindre l'état d'Amour divin.

Et, ce qui est tout aussi important, il insiste sur ce qu'il ne faut pas faire. Soyons bien conscients des deux impératifs.

Dans la mesure où nous sommes des animaux sociaux, nous devons être particulièrement vigilants sur les dangers d'une compagnie nuisible. Il ne s'agit pas de penser : « Ma dévotion est si forte que les paroles et les pensées d'autrui ne peuvent pas m'affecter. » Non seulement les paroles, mais aussi les vibrations des personnes et la nourriture qu'on nous sert en ont le pouvoir.

> « Par tous les moyens, évitez la mauvaise compagnie car elle éveille le désir sexuel, la colère, l'illusion, la perte de la mémoire, du discernement et conduit finalement à la ruine. Au départ, ce ne sont que des rides sur l'eau du mental, mais elles se transforment en immenses vagues sous l'influence d'une fâcheuse compagnie. »
>
> –Narada Bhakti Sutras v. 42-45

Selon Amma, il faut protéger avec grand soin la plante encore tendre de la foi et de la dévotion, en l'entourant de la clôture de la discipline :

> « Ne laissez pas aux vibrations négatives la moindre chance d'affecter votre corps. Un *sadhak* ne devrait jamais fixer qui que ce soit du regard. Ne parlez pas trop. Une grande part de notre énergie vitale se disperse par la parole. Il est très conseillé aux *sadhaks* d'éviter la compagnie des autres. Certes, tous sont des êtres humains, mais sont-ils pour autant identiques ? Il y a des voleurs, des gens innocents, et d'autres qui sont pleins de compassion. Si un *sadhak* se mêle à ceux qui n'ont aucune culture spirituelle, cela va lui nuire.

Si nous avons des contacts étroits avec un lépreux, nous risquons d'attraper la maladie, n'est-ce pas ? »

« Toutes ces règles sont nécessaires pendant la période de la *sadhana*, avant d'atteindre la Libération (*jivan-mukti*). S'il fait preuve d'une grande vigilance extérieure, le *sadhak* peut au début résister et surmonter les obstacles. Dans un ashram (monastère) la discipline et une routine régulière sont indispensables.

« Les êtres humains ont besoin d'un chemin, mais non les oiseaux. Un *avatar* (incarnation divine) ou un *jivanmukta* (un sage libéré), n'ont pas besoin de suivre un chemin. Mais nous ne pouvons avancer qu'en suivant les règles prescrites par les Écritures et par les grands maîtres. Aux yeux d'un non-dualiste, toutes ces observances ont peut-être l'allure de faiblesses, mais de telles personnes ne parlent que de la non-dualité. Ceux qui ont atteint le but avaient tous observé une discipline. »

Il n'est peut-être pas réaliste ni même possible d'envisager une discipline aussi sévère pour tous les *sadhaks*. Beaucoup sont contraints d'agir dans le monde, d'aller travailler ou étudier. Dans l'idéal, tous nos proches amis devraient être sur la voie spirituelle, mais c'est parfois impossible. Si nous nous engageons sérieusement sur la voie de la spiritualité, la plupart de nos amis nous quitteront, sauf s'ils s'y intéressent. En tout état de cause, soyons conscients de l'influence de nos fréquentations, observons si notre foi et notre dévotion en sont affectées. Elles ne disparaissent pas par enchantement. Il y a toujours une cause que nous devons détecter, puis éliminer.

En 1978, j'ai passé six mois aux États-Unis pour des soins médicaux ; j'habitais chez ma mère biologique parce que je ne connaissais personne d'autre ; c'était juste avant ma rencontre avec Amma. Il y avait dix ans que je vivais en Inde. À ce moment-là, je me sentais très solide dans ma foi et mon détachement. En 1967, j'avais décidé que la vie spirituelle était ma voie, qu'il n'y en avait pas d'autre pour moi et que je serais moine pour le reste de mes jours. Personne ne m'en avait convaincu, je n'avais même pas lu de livre en faveur de la vie monastique. Cette conviction s'était imposée d'elle-même et il était devenu clair à mes yeux que c'était la seule voie envisageable pour moi. Je ne dis pas que c'est l'unique mode de vie possible pour un chercheur spirituel, mais c'était ma voie, je n'avais aucun doute là-dessus.

Des pensées insidieuses

Je suis donc allé consulter différents médecins et j'ai essayé divers traitements, sans aucune amélioration. Au bout du cinquième mois, j'ai remarqué que mes pensées changeaient. J'avais des pensées singulières : « Mais pourquoi est-ce que je vis ainsi ? Pourquoi est-ce que j'endure volontairement autant de souffrances ? J'ai tout quitté, les bonheurs et les plaisirs du monde, mais pour trouver quoi ?

Ayant appris qu'il existe un état de béatitude bien supérieur à tous les plaisirs de ce monde, j'ai souffert dix ans en le cherchant. Et quel est le résultat aujourd'hui ? Je passe mon temps allongé, malade. Quel imbécile ! J'ai gâché ma vie, j'aurais dû écouter ceux qui me disaient que je serais plus heureux dans le monde. »

L'instant d'après, et c'était sans nul doute l'effet de la grâce de mon guru, je me disais : « Pourquoi ai-je de telles pensées ? Que m'arrive-t-il ? Je n'avais pas ces pensées quand j'étais en Inde. Il n'y a pas d'autre voie pour moi. J'ai fait le tour de la vie dans le monde, j'en ai clairement perçu la trivialité et le fondement égoïste. Pas question d'y revenir. Celui qui est à l'université ne retourne pas au lycée pour continuer ses études. Pourquoi ai-je donc des pensées contradictoires ? Ai-je des désirs ou des ambitions à satisfaire ? »

J'ai essayé de comprendre ce qui se passait. Et j'ai pris conscience que ma nature spirituelle était profondément affectée et minée par l'atmosphère défavorable et les gens que je fréquentais. Tous ceux que je rencontrais me laissaient entendre de façon subtile ou ouverte que si je menais une vie « normale », tous mes maux s'évanouiraient et que je serais heureux. Un de ces amis, pleins de bonne volonté mais mal inspiré, est même allé jusqu'à suggérer que nous allions à la frontière mexicaine et passions quelque temps avec une prostituée !

J'étais alors malade au point que je ne pouvais même plus m'asseoir. Je ne pouvais pas faire dix pas, mais j'ai décidé : « Si je dois mourir, ce ne sera pas ici ; ce sera dans une atmosphère spirituelle, l'esprit tourné vers la spiritualité. Plutôt mourir que de gâcher ces dix années de *sadhana* intense. » J'ai décroché le téléphone et j'ai réservé un billet d'avion à destination de l'Inde pour le lendemain. J'ai réussi tant bien que mal à rentrer en Inde, et j'ai retrouvé mon état d'esprit antérieur.

J'ai compris que la nourriture, la compagnie, les conversations, l'atmosphère, tout nous affecte ; quelle que soit la force intérieure et spirituelle que nous croyons posséder, l'atmosphère est toujours plus forte, pour le meilleur ou pour le pire. Avant tout, j'ai compris que mon guru m'avait sauvé d'une situation dangereuse, en dépit de mon ignorance.

L'histoire de Vipranarayana

Après mon retour en Inde, j'ai découvert une histoire qui m'a rappelé ma propre expérience amère. Elle contient de nombreux enseignements spirituels. C'est l'histoire de Vipranarayana, un grand dévot qui vécut au huitième siècle dans le Tamil Nadou. Vipranarayana naquit dans une famille de prêtres, et grandit en apprenant les Védas et les autres Écritures. C'était aussi un grand poète et un grand musicien. Il avait décidé de rester célibataire toute sa vie, d'être un *naishtikabrahmachari*.

Chaque matin, il allait se baigner dans la rivière, faisait son *mantra japa* et vénérait le Seigneur Vishnou sous la forme du Seigneur Ranganatha. Il avait acheté un grand terrain pour y fonder un ashram, proche du temple du Seigneur Ranganatha. Là, il avait créé un magnifique jardin de fleurs. Chaque matin, il allait cueillir les fleurs et en faisait une superbe guirlande qu'il offrait au Seigneur dans le temple. Quand il chantait pour le Seigneur, il entrait dans un état de dévotion profonde, dans lequel il perdait conscience du monde.

Un jour qu'il rentrait à l'ashram dans son état habituel d'extase divine, deux danseuses, (*devadasis*), qui étaient aussi des prostituées, se prosternèrent devant lui en attendant sa bénédiction. Vipranarayana, n'ayant aucune conscience de leur présence, continua son chemin. L'une d'elles, Devadevi, s'en offusqua, croyant qu'il l'avait volontairement dédaignée. Elle était connue comme la plus belle et la meilleure de toutes les danseuses du royaume, ce dont elle tirait un grand orgueil.

En se tournant vers sa sœur, elle dit : « Mais pour qui se prend-il, cet homme ? Croit-il qu'il peut ainsi m'ignorer ? Je suis la plus belle du royaume. Comment ose-t-il ? » « Mais non, c'est un grand dévot, il ne nous a sans doute même pas vues ! » lui dit sa sœur. « Pas question ! Je ne vais pas avaler cette insulte comme une moins que rien ! Je parie qu'il me suffirait de quelques jours pour en faire mon esclave ! » dit Devadevi. « Je t'en prie, ma sœur, rentrons. Si tu causes la perte de ce grand dévot, tu recevras sans nul doute une terrible punition, » implora sa sœur.

Mais Devi ne céda pas et partit avec sa sœur en complotant sa revanche. Arrivée chez elle, elle s'habilla de blanc comme une dévote du Seigneur Vishnou, un *mala* de *tulasi* autour du cou, de la pâte de santal sur le front, et comme elle était excellente musicienne, elle tenait aussi de petites cymbales.

Arrivée devant l'ashram de Vipranarayana, elle s'assit en chantant des chants dévotionnels. Quand il arriva, comme d'habitude, il ne la remarqua même pas et entra dans le jardin. Il en fut ainsi un jour ou deux, mais Devi ne se laissa pas décourager. Le troisième jour, la douce musique de sa voix le tira de sa rêverie dévotionnelle. Il resta là un long moment à l'écouter et finit par lui demander qui elle était et pourquoi elle était assise devant l'ashram.

« Je suis née dans une maison de prostitution. Ma mère voulait aussi que je me vende pour de l'argent mais j'ai refusé.

Je suis une dévote du Seigneur Ranganatha depuis l'enfance. Ma mère m'a battue et enfermée dans une chambre. Je me suis échappée et j'ai couru vers la rivière pour me noyer. Je ne voulais plus vivre. Au moment où j'allais sauter dans la rivière, le Seigneur Ranganatha m'est apparu avec la déesse Lakshmi et m'a dit d'aller chercher refuge dans votre ashram. C'est pourquoi je suis venue. Je vous en prie, ne me renvoyez pas, » répondit-elle.

En entendant cette histoire terrible, mais miraculeuse, il lui dit qu'elle pouvait demeurer dans une hutte dans le jardin. Son serviteur l'avertit qu'elle ne lui causerait que des ennuis, mais il ne tint pas compte de cette mise en garde. Vipranarayana lui dit qu'elle pouvait travailler au jardin. Les jours passaient, il lui parlait fréquemment, écoutait sa musique et inconsciemment, se mit à apprécier sa beauté et sa douce nature. Le serviteur, écœuré, quitta l'ashram.

Une nuit, il y eut une pluie torrentielle et la hutte de Devadevi s'effondra. Voyant là l'occasion espérée d'exécuter son plan, elle alla se mettre sur la véranda de Vipranarayana. Il finit par la voir et lui offrir d'entrer. Voyant qu'elle était trempée, il lui prêta un de ses vêtements et lui demanda de se changer. Comme la pièce était très petite, il lui dit qu'elle pouvait se reposer dans un coin et qu'il resterait dans l'autre. Bref, elle finit par proposer de masser ses pieds douloureux, il accepta et peu après, ils s'étreignirent.

Devadevi avait gagné. Elle quitta donc l'ashram et rentra chez elle, au grand chagrin de Vipranarayana, dont le cœur et l'esprit étaient ensorcelés par ses charmes. Il cessa de fréquenter le temple et de fabriquer des guirlandes de fleurs pour le Seigneur. Le service des fleurs au Seigneur s'arrêta complètement :

il ne pensait plus qu'à Devadevi. À la fin, n'y tenant plus, il alla chez elle en implorant qu'on le laisse entrer. Voyant qu'il n'avait pas d'argent, la mère de Devadevi le jeta dehors en lui disant de ne pas revenir avant de pouvoir payer.

Tristement, Devadevi comprit à ce moment-là son erreur et tomba réellement amoureuse de Vipranarayana, qui était allongé sous le porche de sa maison et pleurait. Voyant tout cela, le Seigneur décida qu'il était temps de sauver Ses dévots. Il prit la forme du serviteur de Vipranarayana et frappa à la porte de Devi. Quand la mère ouvrit, Il lui donna un bol en or massif en disant qu'il était le serviteur de Vipranarayana et que ce bol paierait pour les requêtes futures de celui-ci.

Le lendemain à l'aube, quand on ouvrit les portes du sanctuaire du Seigneur Ranganatha, les prêtres eurent un choc : il manquait un bol en or. Le verrou qui fermait la porte du sanctuaire était intact. Il n'y avait aucun signe d'effraction. Si un voleur s'y était introduit, le verrou aurait été cassé et les portes ouvertes, mais il n'en était pas ainsi, et il ne manquait rien d'autre. On rapporta aussitôt l'affaire au roi qui envoya ses soldats à la recherche du bol en or. Ils finirent par le trouver dans la maison de Devadevi. À leurs questions, elle répondit : « C'est le serviteur de Vipranarayana qui me l'a apporté. »

Les soldats rapportèrent l'affaire au roi qui était bien embarrassé : Personne n'avait en apparence brisé le verrou du temple et volé le bol en or. Comment celui qui prétendait être le serviteur de Vipranarayana avait-il donc pu s'en emparer ? Mais vu les circonstances, il était bien obligé de donner l'ordre d'arrêter Vipranarayana et il ordonna qu'on lui coupe les mains.

À cette époque, les rois craignaient Dieu. Ils marchaient sur la voie du *dharma*. Le Seigneur apparut donc au roi en rêve et lui dit : « Vipranarayana est innocent, il n'a pas volé le bol en or. C'est Moi qui l'ai apporté à la maison de Devadevi. »

Le roi ordonna aussitôt qu'on relâche Vipranarayana. La nouvelle se répandit comme une traînée de poudre : le Seigneur était apparu en rêve au roi pour proclamer l'innocence de Vipranarayana. Quand cela parvint aux oreilles de celui-ci, il en fut sidéré et eut honte.

« Ô, que le Seigneur est grand ! Pour un dévot, Il est même allé jusqu'à frapper à la porte d'une prostituée ! » Saisi d'un profond remord, il se précipita dans le temple et dans sa douleur, il s'écria : « Ô Seigneur, je T'ai servi, mais j'ai tout abandonné pour la compagnie ensorcelante de Devadevi. Je n'ai même pas tenu compte des avertissements de mon serviteur et d'autres personnes bienveillantes, tant j'étais plongé dans l'illusion. Je T'en supplie, pardonne-moi ! »

Devadevi finit elle aussi par réaliser sa folie et consacra le reste de sa vie aux pratiques dévotionnelles.

Il ne faut jamais croire que nous n'avons plus besoin des règles de la discipline. Le faux orgueil, la mauvaise compagnie et un entourage profane ont causé la perte de nombreux dévots.

CHAPITRE 11

La soif de réaliser Dieu

La soif de réaliser Dieu est la plus rare des qualités chez un être humain.

Dans la Bhagavad Gita, le Seigneur Krishna déclare :

« Parmi des milliers d'hommes, à peine quelques-uns essaient d'atteindre la Perfection ; parmi ceux qui s'y efforcent avec le plus de succès, un seul peut-être connaît Mon essence. »

—Ch. 7, v. 3

Dans le *Vivekachudamani* (Pur joyau du discernement) de Sankaracharya, il est dit :

« Trois choses sont vraiment rares et dues à la grâce de Dieu : une naissance humaine, le désir ardent d'atteindre la Libération, et les soins protecteurs d'un sage parfait. »

—v. 3

Mumukshutva, l'aspiration à la Libération, est le désir de se libérer de tous les liens en réalisant sa véritable nature. Les liens qui nous enchaînent, qu'il s'agisse de l'égoïsme ou de l'attachement au corps, sont des projections dues à l'ignorance.

Un disciple va trouver un guru qui a réalisé le Soi et lui dit : « Ô Maître, ami de ceux qui se prosternent devant toi, Océan de miséricorde, daigne me sauver, moi qui sombre dans cet océan des naissances et des morts ; il suffit pour cela d'un regard de tes yeux qui répandent le nectar de la grâce suprême.

Comment traverser cet océan de l'existence dans le monde des phénomènes, quel sera mon destin et quels moyens adopter, j'ignore tout à ce sujet. Daigne donc me sauver, Ô Seigneur, et décris-moi en détail comment mettre fin à la misère de cette existence relative. »

Le guru répond : « Tu es béni ! Tu as accompli le but de ta vie et sanctifié ta famille puisque tu désires réaliser Brahman en te libérant des liens de l'ignorance

–Vivekachudamani, v. 35, 40, 50

« Comment développer cette soif ? » demandera-t-on. La compagnie de *mahatmas*, leur présence, la lecture ou l'écoute du récit de leur vie, tout cela a le pouvoir d'inspirer ceux qui aspirent à l'expérience du Divin mais dont les efforts manquent d'intensité. Pour un *sadhak*, la partie la plus importante de la biographie d'un *mahatma* est le moment où celui-ci, sous l'effet de *vairagya* (le détachement), se détache de sa vie et de ses liens dans le monde.

« Ce qui est primordial pour obtenir la Libération, c'est *vairagya* (le détachement). Les autres qualités telles que le calme, la maîtrise de soi, la patience et le renoncement à l'activité peuvent venir ensuite. »

–Vivekachudamani, v. 69

Selon les *mahatmas*, une des raisons principales pour lesquelles notre aspiration à la Réalisation manque d'intensité, c'est notre attachement aux choses périssables. En d'autres termes, notre attention et notre énergie sont essentiellement dirigées vers les objets de ce monde. Là où est notre cœur, là est notre esprit. On peut comparer l'éveil du détachement authentique au moment où l'avion arrive au bout de la piste, juste avant le décollage. À cet instant, l'appareil est prêt à quitter la terre et à s'envoler dans le ciel. Cet éveil survient, semble-t-il, quand on prend conscience des inconvénients de l'existence dans le monde et du caractère inéluctable de la mort.

Bouddha

Tout le monde ou presque connaît l'histoire du Seigneur Bouddha. C'était un prince qui vécut dans l'actuel Népal il y a plus de 2500 ans. Comme la plupart des princes, il vivait dans le luxe et les plaisirs. Par hasard, il a eu l'occasion de voir à quoi ressemblait la vie hors du palais et Dieu sait s'il en a été bouleversé ! Il a vu des vieillards, des malades, des morts, et aussi un ascète. Il n'avait jamais rien vu de tel dans le palais car son père avait pris grand soin de lui cacher tout cela.

À la naissance de Siddhartha (c'est le nom qu'on lui avait donné), un astrologue avait prédit qu'il pourrait être un grand ascète, un *sannyasi*, renoncer au monde et devenir un sage.

Son père, ignorant de la spiritualité, voulait éviter cela à tout prix. Il désirait que Siddhartha lui succède sur le trône. Le roi a pensé que si son fils ne connaissait que le plaisir, sans jamais être confronté à la souffrance, ni la sienne ni celle des autres, il ne se détacherait jamais du monde. Mais comme dit le sage :

« Le destin des âmes est déterminé par Dieu
Selon les actions qu'elles ont accomplies.
Ce qui ne doit jamais arriver,
Nul ne peut faire en sorte que cela se produise,
Quels que soient ses efforts.
Et tout ce qui doit arriver arrive,
Quoi que nous fassions pour l'éviter
Cela est certain.
À la fin nous comprenons,
Que le mieux est de garder le silence. »

–Sri Ramana Maharshi

Amma affirme, par sa propre expérience, que notre vraie nature est conscience, mais nous, l'âme, nous sommes actuellement attachés et identifiés à un corps. À travers les sens, nous faisons l'expérience de l'univers où évolue ce corps, et nous oublions presque totalement notre nature réelle. Je dis « presque » parce que, comme la conscience est aussi béatitude, nous cherchons instinctivement un bonheur infini, permanent. Mais malheureusement, notre bonheur est toujours mêlé de douleur car nous le cherchons au mauvais endroit.

Nous sommes bombardés vingt-quatre heures sur vingt-quatre par les objets du monde, mais aussi, ce qui est encore plus fort, par des notions et des buts qui nous limitent au monde visible. Aujourd'hui, où que nous vivions, dès que nous sommes capables de comprendre le langage, nous apprenons inconsciemment que l'on obtient le bonheur par le plaisir. Cette idée est véhiculée par la famille, la société et les médias. Personne ne semble mentionner ni remarquer la souffrance. La plupart des âmes se réveillent du rêve de l'existence dans le monde après une série d'expériences douloureuses, que la vie est susceptible de nous apporter et de nous faire traverser.

Pour que le détachement s'éveille, il faut souvent plusieurs vies, des vies de plaisir mêlé de souffrance. Il arrive un moment où le *jīva*, l'âme individuelle, ne trouve plus de satisfaction dans le plaisir et en a assez de la douleur. Par la grâce de Dieu, elle entend alors l'évangile de la réalisation du Soi ou de la voie de la dévotion et y voit la solution à ses difficultés. C'est pourquoi le *satsang* est si important.

Siddhartha a reçu le *satsang* du ministre qui l'avait conduit au-dehors du palais, pour qu'il voie le monde. En réponse aux questions de Siddhartha, il a répondu que tout ce qu'il voyait d'horrible lui arriverait aussi. Siddhartha en a été profondément secoué et a perdu le goût des choses de ce monde.

Il avait une très belle épouse, un jeune fils, et tout ce qu'un homme jeune peut désirer, mais rien n'avait plus de sens pour lui une fois qu'il eut pris conscience du côté douloureux, inévitable, de la vie. Il a compris qu'il n'y échapperait pas et n'a pas balayé cette réalité sous le tapis, comme le font la plupart des gens. Il a eu le sentiment qu'il devait trouver une solution, et qu'il ne s'agissait pas de s'adonner un maximum aux plaisirs pour calmer la douleur et la peur.

Au premier abord, son détachement subit paraît très étrange. La plupart des âmes voient beaucoup de choses douloureuses et souffrent énormément sans pour autant en avoir assez et chercher une solution à l'intérieur. Leurs attachements les en empêchent. Ceux qui se réveillent rapidement du sommeil de la vie dans le monde avaient sans nul doute acquis ce détachement dans des vies précédentes ; ils avaient fait des pratiques spirituelles. Quand Arjuna Lui demande ce qui arrive à un chercheur qui n'a pas atteint le but de la réalisation du Soi parce que ses efforts étaient insuffisants, le Seigneur Krishna répond :

> « Le yogi qui a échoué dans la voie du yoga séjourne pendant de longues années dans les mondes réservés aux êtres vertueux avant de renaître dans la demeure d'êtres purs et prospères.
>
> Ou bien encore il renaît dans une famille de yogis, de sages. En vérité, une telle naissance est très difficile à obtenir.
>
> Il retrouve alors la connaissance acquise dans sa vie précédente et intensifie ses efforts pour atteindre la perfection, Ô Joie des Kurus (*Arjuna*).
>
> Cette pratique antérieure le pousse irrésistiblement. Celui qui aspire à l'état de yoga transcende déjà la récitation des Védas.

Mais le yogi qui poursuit assidûment ses efforts, après s'être purifié et perfectionné au cours de nombreuses vies, atteint le But suprême. »

–Bhagavad Gita, Ch 6 v. 41-45

L'histoire du dévot de la déesse Kali

Une histoire intéressante illustre cette vérité :

Il était une fois un *saddhu*, un dévot de la Mère divine qui avait choisi une *sadhana* très difficile : il fallait s'asseoir sur un cadavre dans un lieu de crémation et réciter les mantras de la déesse Kali, puis faire la puja à Kali à minuit. Il avait réussi à réunir tous les objets et ingrédients nécessaires pour le rituel, s'était assis sur le cadavre et avait commencé son *japa*. Soudain, un tigre sortit des bois et le dévora. Son assistant, un homme simple mais plein de dévotion, l'avait aidé à obtenir et à disposer les matériaux pour la puja. Dès qu'il avait entendu un bruissement dans les buissons, il avait grimpé dans un arbre.

Une fois le *saddhu* mort et le tigre parti, malgré le choc que lui avait donné la scène, il songea : « Tous ces objets et ces ingrédients pour la puja sont très coûteux. Autant ne pas les laisser perdre, surtout qu'il y a aussi un cadavre à disposition, ce qui est rare. » Il descendit donc de l'arbre et s'assit sur le corps pour effectuer les rituels. Aussitôt, la déesse Kali lui apparut dans toute sa gloire et lui dit : « Je te bénis, Mon enfant, en t'accordant la faveur suprême : la réalisation de Dieu. »

Étonné, il répondit : « Mère, mon ami a eu tant de peine à rassembler tous ces articles pour la puja, et il faisait Ton adoration avec tant d'habileté et de finesse ! Il a été dévoré par un tigre ! Moi qui ne sais rien, je me suis simplement assis sur le cadavre en me demandant quoi faire. Maintenant, je me demande pourquoi j'ai reçu Ton darshan tandis qu'il est mort ! »

Kali expliqua : « Dans ta dernière existence, tu étais un grand dévot et tu avais fait beaucoup de *tapas*. Tu avais achevé ce même rituel mais malheureusement, un tigre affamé est arrivé et t'a dévoré ; c'est donc maintenant que tu reçois le fruit de ta dévotion, la réalisation de Dieu. Ton ami en revanche, avait encore beaucoup d'impuretés intérieures, il lui faudra donc revenir et travailler encore plus dur qu'auparavant. »

Siddhartha avait aussi vu un yogi, lors de sa sortie hors du palais. Son compagnon lui dit que le yogi cherchait la solution à la peur de la mort et de la vieillesse. En réfléchissant à cela et à tout ce qu'il avait vu, Siddhartha quitta le palais à l'âge de trente ans et s'en alla dans la forêt pour consacrer tout son temps aux austérités. Il était arrivé à la conclusion que seul l'état d'immortalité pouvait résoudre ses problèmes et son insatisfaction.

Il a essayé de nombreuses formes de *sadhana*, mais rien ne lui a procuré l'Éveil qu'il recherchait. Il est presque mort des austérités qu'il s'est imposées, le jeûne et les privations. Il est arrivé à la conclusion qu'il devait suivre la voie du milieu, et prendre soin de son corps tout en continuant sa sadhana. Finalement, il s'est assis sous un arbre banyan, à l'endroit qui s'appelle aujourd'hui Bodhgaya, et a pris une ferme décision :

« Je ne me lèverai pas avant d'avoir atteint l'Éveil. »

Grâce au formidable pouvoir de sa volonté et à la concentration acquise par une *sadhana* intense, le Bouddha fit disparaître son mental dans sa source, le Soi universel. Il est impossible de réussir cet exploit suprême sans l'intensité que donne la proximité de la mort. Quand on essaie d'enfiler une aiguille, si la moindre partie du fil dépasse, il ne peut pas rentrer dans le chas. Ainsi, si la moindre pensée surgit dans le mental quand nous essayons d'entrer dans le Cœur, la demeure de la Réalité, nous échouons. Cela exige une concentration parfaite, fruit de nombreuses vies passées en essais infructueux.

Selon Amma, si nous rencontrons quelqu'un qui a le désir ardent de réaliser Dieu, cette personne l'a acquis dans des vies antérieures. Celui qui progresse rapidement dans la *sadhana* dans cette vie avait déjà fait des pratiques dans des vies passées. Laissons-nous inspirer par de telles âmes et faisons tous les efforts possibles dans cette direction afin de pouvoir briller dans notre prochaine vie, au cas où nous n'atteindrions pas la Réalisation du Soi dans celle-ci.

Certes, l'effort personnel est extrêmement important, mais il est encore plus important d'avoir la bénédiction et la grâce d'un *mahatma*. La véritable puissance d'inspiration et la persévérance, c'est de là que nous les tirons. Par nos seuls efforts, il n'est pas possible d'atteindre le but de la spiritualité. Comment l'âme minuscule et ignorante pourrait-elle transcender son propre mental, sinon par la grâce de cet Être qui est au-delà du mental ? Ce qui est en notre pouvoir, c'est de faire une *sadhana*, et c'est cela qui attire sur nous la grâce du guru. Tous les efforts que nous fournissons en vue de nous purifier aboutissent à la bénédiction toute-puissante du guru.

CHAPITRE 12

La nature des avatars

« Où que soient les *mahatmas*, les gens s'assemblent autour d'eux, attirés comme la poussière par un tourbillon. Leur souffle et même la brise qui touche leur corps sont bénéfiques au monde. »

—Amma

Quand une fleur s'épanouit, les abeilles viennent la butiner. La fleur n'a pas besoin de les appeler. Peut-être y a-t-il un arôme subtil qui émane de la fleur et les attire. De même, quand le mental pur de quelqu'un s'épanouit dans la réalisation spirituelle, ce parfum extrêmement subtil attire les dévots, qu'ils en soient conscients ou non. Les foules suivaient le Christ partout où il allait, et c'était aussi le cas du Bouddha. Nous voyons de nos propres yeux le même phénomène se produire avec Amma. Il est réellement étonnant qu'Amma, cette villageoise inconnue, soit devenue au cours des vingt-cinq dernières années une personnalité mondialement connue de la spiritualité et de la philanthropie.

Cela n'a pas toujours été le cas, et peut-être en va-t-il toujours ainsi au début de la vie des saints. Quand je suis arrivé auprès d'Amma, il y avait une petite foule le dimanche, le

139

mardi et le jeudi soir pour le *bhava darshan*. En dehors de cela, il n'y avait presque personne. Quelques-uns d'entre nous se sont installés auprès d'elle et c'est ensuite seulement, par leur propre expérience, que les gens ont compris qu'Amma n'était pas un canal par lequel les déités se manifestaient, comme ils le croyaient au début, mais une personnalité spirituelle.

Amma était parfois invitée dans des lieux proches ou chez des dévots. Un soir, elle est allée à Kollam, à trente kilomètres environ de l'ashram, chanter des *bhajans* dans un temple. Il n'y avait personne, excepté deux ou trois enfants et leurs mères. Nous étions très déçus que personne ne connaisse Amma et en même temps heureux parce que nous pensions égoïstement que nous l'aurions entièrement pour nous.

Une autre fois, Amma est allée dans un petit ashram situé en bordure de Varkala, à deux heures de route environ de son village. En apprenant qu'Amma se trouvait dans l'ashram de ce dévot, une vingtaine de personnes sont venues de la ville pour la rencontrer. En voyant cette « foule » autour d'Amma, nous nous sommes inquiétés. Allions-nous pouvoir passer du temps avec elle ce jour-là ? C'était une foule importante, à l'époque.

En voyant l'expression de nos visages, Amma a compris que nous étions très inquiets et dans la voiture, en revenant à l'ashram, elle a déclaré : « Un jour viendra où il faudra des jumelles pour me voir ! » Très contrariés, nous ne comprenions pas ce qu'elle voulait dire. Nous espérions qu'elle ne faisait que plaisanter. Jamais nous n'aurions imaginé qu'elle serait un jour aussi connue. Il ne fallut pas longtemps avant que ces paroles prophétiques s'avèrent vraies.

À l'époque, nous devions aller inviter les gens pour son anniversaire. Même ainsi, il y avait tout au plus vingt ou trente personnes, auxquelles s'ajoutaient les gens du village. Puis une année, mille personnes sont venues. Et ensuite, tout n'a fait que grandir. À dire vrai, quand les gens sont venus plus nombreux, au départ, j'en ai été un peu fâché ; cette attitude venait de mon ignorance et de mon égoïsme.

Amma a bien sûr compris ce qui se passait en moi et m'a appelé un jour pour me dire : « Si tu es contrarié en voyant que le nombre des dévots augmente, à quoi sert-il que tu restes ici ? Plus les gens viennent nombreux, plus je suis heureuse, parce que c'est le but de ma vie : être avec autant de dévots que possible et inspirer autant de gens que possible. C'est pour cela que je voyage. Je n'ai rien à gagner ni à obtenir ; mon seul motif, c'est d'élever spirituellement la conscience des êtres humains. »

Le Souffle de la Vie

Un des versets de l'Ancien Testament, dans le Livre de la Genèse, dit :

> « Alors le Seigneur façonna l'homme à partir de la poussière du sol ; Il insuffla dans ses narines une haleine de vie, et l'homme devint un être vivant. »
>
> –Genèse 2:7

Aujourd'hui, à l'ère du triomphe de la rationalité, ce verset semble une hyperbole, mais le fait est que les êtres humains sont un mélange de terre, d'eau, de force vitale et de conscience.

Il est très intéressant de constater que, quand Amma bénit quelque chose, elle le porte à son nez, se concentre un moment et souffle sur l'objet. Elle agit de même quand elle initie quelqu'un à un mantra : elle souffle dans l'oreille de la personne. Il faut peut-être rapprocher ce geste de ses paroles selon lesquelles le souffle d'un *mahatma* purifie. Lors de la consécration d'un temple Brahmasthanam, pendant la cérémonie, elle prend les fleurs, souffle dessus et les pose ensuite sur l'idole. Apparemment, le souffle d'un *mahatma* est un véhicule extrêmement puissant du pouvoir et de la grâce divins.

La toute-puissance d'un saint

> « Mes enfants, Jésus a été crucifié et Sri Krishna a été tué par une flèche ; mais tout cela est arrivé uniquement par leur volonté. Personne n'aurait pu les approcher sans leur permission. Ils avaient le pouvoir de réduire en cendres leurs opposants, mais ils ne l'ont pas fait. Ils sont venus montrer le sens du mot « sacrifice. »
>
> —Amma

La plupart d'entre nous connaissent l'histoire de Jésus-Christ. En Inde, Il est considéré comme un *avatar*, Dieu descendu sur terre sous une forme humaine. Dans le Nouveau Testament, une fois qu'il a été livré aux Romains pour être exécuté, le commandant Ponce Pilate lui dit avec arrogance : « Pourquoi refuses-tu de me parler ? Ignores-tu que j'ai le pouvoir de te relâcher ou de te crucifier ? »

Jésus répond : « Tu n'aurais pas d'autorité sur moi si elle ne t'avait pas été donnée d'en haut. » En d'autres termes, la naissance de Jésus, sa vie et même sa mort avaient été voulues par le Père avec lequel Il ne faisait qu'un. Personne ne pouvait le tuer sans son accord.

La vie de Sri Krishna

Certains d'entre nous ne savent peut-être pas grand-chose au sujet de Sri Krishna, en-dehors du fait que c'est Lui qui a enseigné la Bhagavad Gita à Arjuna. C'est un personnage historique qui, selon la tradition, est né il y a environ cinq mille ans dans le Nord de l'Inde. À cette époque, il y a eu une très grande guerre entre ses cousins, les Pandavas, qui étaient les « bons », et les Kauravas, les « mauvais » ; leurs alliés, venus de toute l'Inde, y ont participé et cette bataille a fait plus de quatre millions de morts en dix-huit jours. À la fin de la guerre, il n'y a eu que douze combattants survivants.

Gandhari, la mère des Kauravas, croyait que Krishna était Dieu mais malgré tout, à la fin de la bataille, furieuse, elle Lui a dit : « Tu es la cause de la mort de mes fils. Tu aurais pu empêcher la guerre, mais tu ne l'as pas fait. Le résultat, c'est que la famille des Kauravas est presque éteinte. Mon clan a été détruit, et d'ici trente-six ans, le tien subira le même sort ; et je te lance la malédiction suivante : tu mourras de la mort d'un animal. »

Avec son plus charmant sourire, Krishna a répondu : « Mère, tu m'a délivré d'un poids. Mon clan est si puissant que personne au monde ne peut l'anéantir. Tu as résolu mon problème. En ce qui concerne ma mort, qu'il en soit ainsi. J'accepte ta malédiction comme une bénédiction. »

Krishna a incliné la tête, comme Amma s'incline avec humilité. Quoi que les gens lui disent, qu'ils l'apprécient ou l'insultent, elle incline la tête en toute humilité et l'accepte comme la volonté du Divin. La guerre terminée, Krishna est rentré à Dwaraka, la ville où il vivait avec son clan, les Yadavas.

Trente-six ans plus tard, quelques jeunes jouaient un jour dans un bosquet à l'extérieur de la ville. Curieusement, les garçons, qui d'ordinaire se comportaient bien, ont décidé de jouer un tour à des sages qui se trouvaient là. Ils ont déguisé l'un d'entre eux en femme et ont mis un coussin sous ses vêtements pour lui donner l'apparence d'une femme enceinte. Puis ils sont allés voir les sages, se sont prosternés devant eux et ont dit : « Ô sages, vous connaissez l'avenir ; daignez nous dire si cette femme enceinte donnera le jour à un garçon ou à une fille ? »

Amma aurait sans doute ri et enfoncé le doigt dans le coussin, voilà tout ; mais la malédiction devait s'accomplir. Sous son influence, les sages se sont mis en colère et ont dit : « Vous êtes des impertinents ; cette fille donnera le jour à un pilon de fer qui sera la cause de la destruction de votre clan. »

Quand ils ont enlevé le coussin, ils ont trouvé le pilon. Quel choc ! Terrifiés, éperdus de peur, ils ont couru trouver le roi avec le mortier et lui ont raconté toute l'histoire. Le roi et les courtisans ont alors décidé de réduire le mortier en limaille de fer et de la jeter dans l'océan. Personne n'en a parlé à Krishna, sans doute par peur, mais bien entendu, Il savait exactement ce qui allait arriver.

Une fois le mortier réduit à l'état de limaille, il est resté un petit morceau qu'ils n'ont pas réussi à pulvériser. Ils ont jeté le tout dans l'océan. La poudre, transportée par l'océan, est finalement arrivée à un endroit de la côte appelé Prabhasa où elle s'est transformée en une herbe particulièrement dure et coupante. Le petit morceau de métal a été avalé par un poisson, qui fut ensuite attrapé par un pêcheur. Le pêcheur a trouvé le métal et en a fait une pointe de flèche qu'il a donnée à un chasseur.

Tout autour et au-dessus de Dwaraka, on a observé nombre de mauvais présages ou augures, signes de mort.

Dans toutes les cultures traditionnelles, la science des augures s'est transmise jusqu'à aujourd'hui. Les nombreux augures et leur signification diffèrent selon les cultures. Ils peuvent indiquer des événements heureux ou malheureux. En Inde, la croyance aux augures fait partie intégrante de la vie quotidienne et la majorité des gens la respectent. La science des augures est étroitement liée à celle de l'astrologie.

Les augures

J'ai fait deux expériences intéressantes au sujet des augures et autres croyances qui y sont liées. La première fois, je vivais à Tiruvanamalai, c'était dans les années soixante-dix. Mon jardinier avait la main verte, tout lui réussissait. Il avait été agriculteur pendant des années, mais il avait quitté sa ferme après le décès de sa femme pour venir s'installer en ville. Quand j'avais cherché un jardinier, quelqu'un me l'avait recommandé et c'est ainsi qu'il avait commencé à travailler pour moi. Il aimait réellement les plantes comme ses propres enfants et le jardin était florissant.

Une partie du jardin était un potager ; comme je n'avais besoin que d'une petite partie de la production, nous donnions la plupart des légumes aux voisins. Un jour, je suis allé dans le jardin pour voir comment les légumes poussaient. J'ai vu une énorme courge cireuse, d'environ soixante centimètres de long. En Inde, en-dehors de sa valeur nutritive, on considère ce légume comme une protection efficace contre les mauvais esprits et le mauvais œil ; c'est pourquoi il est souvent accroché à l'extérieur des maisons et des constructions neuves. Au moment où je me baissais pour voir combien il pesait, j'ai eu l'impression d'être frappé au visage par une grande force et je suis tombé. Je suis resté par terre un moment, à demi-conscient, jusqu'à ce que le jardinier vienne voir ce qui se passait. Il m'a relevé et m'a dit qu'il fallait s'approcher de ce légume avec grande précaution.

L'autre expérience, je l'ai vécue auprès d'Amma. Ce devait être en 1984. Un jeune homme est un jour venu à l'ashram et a demandé la permission d'y passer quelques jours. On lui a donné une chambre et il s'est installé. En parlant avec lui, il m'a révélé qu'il savait lire les lignes de la main. Il a pris en expert l'empreinte de ma paume et m'a dit qu'avant de partir, il me communiquerait ce qu'il avait trouvé.

Quelques jours plus tard, il était environ quatre heures du matin et j'étais assis sous le porche de la maison d'Amma quand je l'ai vu partir. Je l'ai appelé et lui ai rappelé sa promesse. Il m'a dit qu'Amma voyagerait dans le monde entier et que je contribuerais à la faire connaître. À l'époque, très peu de gens venaient à l'ashram et nous n'avions certainement pas l'argent nécessaire pour faire voyager qui que ce soit hors de l'Inde. Dès qu'il a eu fini de parler, un petit lézard (gecko) a émis très fort le bruit « tiktik. »

L'homme l'a montré du doigt et a dit : « Vous avez entendu ? Quand quelqu'un vient juste de parler et qu'un gecko émet ce son, ce qui a été dit se réalisera. » Bien des années plus tard, je me suis rappelé avec émerveillement la vérité de ses paroles.

En voyant tant de mauvais présages, Krishna dit aux gens rassemblés à la cour : « Ne restons pas ici un moment de plus. Que les femmes et les enfants aillent à Sankhoddhara, et les hommes à Prabhasa sur la côte. À Prabhasa, que tous prennent un bain et vénèrent les dieux, les sages, les vaches et les autres animaux sacrés. Ainsi, les dangers seront écartés et le bien-être général sera assuré. »

La malédiction devait s'accomplir, le moment était venu et Krishna le savait. Peu après leur arrivée à Prabhasa, les Yadavas ont bu un vin très fort. Ils ont perdu tout discernement et se sont disputés. La dispute a dégénéré en bagarre mortelle. Quand ils ont eu épuisé leur stock d'armes, ils se sont servis de l'herbe imprégnée de la limaille du pilon de fer. Et ils sont tous morts, à l'exception de Krishna et de son frère Balarama.

Balarama s'est assis en méditation et a quitté son corps en *samadhi*. Krishna s'est allongé, appuyé contre un arbre, le pied gauche posé sur la cuisse droite. Prenant le dessous rose de son pied pour la bouche d'un animal, un chasseur a tiré dans son pied. La pointe de la flèche du chasseur était celle que lui avait donnée le pêcheur. Voyant que le Seigneur était blessé, il a imploré son pardon. Le Seigneur a dit : « Ne crains rien, tu n'as fais que mettre à exécution Ma résolution. »

Amma dit que personne n'a de pouvoir sur les avatars ; les choses arrivent conformément à leur volonté. Ils ne sont pas comme nous, soumis au karma que nous avons à vivre. Ils viennent en ce monde et le quittent de leur propre volonté. Ils n'ont aucun désir personnel ; leur seul souhait est de remettre les âmes sur la voie qui mène à Dieu.

CHAPITRE 13

Se réveiller d'un long rêve

E n Inde, on appelle les moines des *sannyasis*. À leur propos, Amma dit :

« Un sannyasi est celui qui a renoncé à tout ; il supporte et pardonne les erreurs des autres et les guide avec amour sur la voie juste. Il est l'exemple de l'abnégation ; il est dans une béatitude constante et ne dépend pas des objets extérieurs pour être heureux. Il se délecte de son propre Soi. »

Un *sannyasi* est un être qui soit a fait l'expérience des plaisirs et des peines de la vie, soit les a profondément analysés intellectuellement et grâce à cette observation, a décidé de rechercher un état qui les transcende tous les deux. Comment sait-il qu'un tel état existe ? Il a rencontré un *mahatma* qui a fait l'expérience de la vérité ou bien, ce qui est plus probable, il a étudié les Écritures du Védanta qui décrivent et glorifient l'état sublime de la réalisation du Soi.

Traditionnellement, en Inde, les jeunes gens en avaient l'occasion ; cela faisait partie de leur éducation. Un enfant était censé étudier auprès d'un guru et acquérir une connaissance extensive des myriades d'aspects matériels et spirituels de la vie. Généralement, il se mariait ensuite et faisait l'expérience de la vie de famille, tout en continuant ses pratiques spirituelles et religieuses. Quand ses enfants étaient adultes, il partait vivre dans la forêt pour se purifier des *vasanas* (habitudes) mondaines accumulées pendant la période précédente. Dans la forêt, il cherchait à acquérir la Connaissance du Soi dont il avait entendu parler quand il étudiait le Védanta.

La signification du renoncement

Le mot « renoncement » a quelque chose d'effrayant pour la plupart des gens. Il évoque la vision de quelqu'un qui abandonne ses proches, mendie sa nourriture et erre sans fin en quête de l'Éveil. Cette conception du mot « renoncement » est fausse.

Renoncer, cela revient à se réveiller d'un long rêve, comme si un serpent nous réveillait au milieu d'un cauchemar. Un homme va se coucher et fait un rêve très désagréable. Il rêve qu'il est très pauvre et qu'il est obligé de voler pour survivre ; il devient voleur. Des témoins du délit le dénoncent à la police. Il implore beaucoup de gens de l'aider. Il demande à ses amis, à sa famille et à des avocats. Il prie Dieu ; il prie différentes déités. Il fait tout ce qu'il peut pour s'en sortir, mais rien n'y fait.

La police finit par l'arrêter et l'emprisonner. Il est troublé, bouleversé. Alors qu'il se morfond dans sa cellule, profondément déprimé, un énorme serpent s'introduit dans la pièce et le mord. Il se réveille en hurlant de douleur. Le nom de ce serpent est « renoncement. » Quand il nous mord, nous nous éveillons du rêve de *maya*.

Le sentiment, la croyance profonde que ce monde est la seule réalité, que le bonheur, la paix et la béatitude sont les plaisirs et les joies que nous recherchons en ce monde, tout cela n'est qu'un long rêve. Les quelques moments de bonheur que nous obtenons de ce monde sont fugaces. La jeunesse et les plaisirs, prendre du bon temps, cela fait partie de la vie. La maladie fait partie de la vie. La vieillesse fait partie de la vie. La mort fait partie de la vie. Tout le monde a des problèmes et finalement, tout le monde vieillit et meurt ; c'est inévitable.

Alors comment s'éveiller de ce rêve ? Que nous le voulions ou non, nous finissons par atteindre un stade où le rêve ne nous donne plus ce que nous désirons constamment : la paix qui est béatitude. C'est une évolution naturelle. Imaginez que l'on vienne vous dire : « Qu'est-ce que tu as comme voiture ? »

« J'ai une petite voiture. » « Écoute, je te donne une BMW à la place, gratuitement. » Est-ce que vous allez refuser ? Si l'on vous offre un meilleur emploi, vous l'acceptez avec joie.

Si quelqu'un vous propose : « Je vais te trouver un petit ami plus gentil et plus beau (ou une petite amie) » vous répondrez peut-être « Très bien. » Il existe de nombreuses possibilités d'amélioration, de promotion et de modèles perfectionnés. Nous renonçons sans effort au modèle inférieur pour garder le supérieur. C'est naturel et personne n'a besoin de nous en convaincre.

Le renoncement authentique se produit de manière similaire. Au cours du pèlerinage qui mène tous les êtres vivants de vie en vie, afin de revenir à la Source où tout a commencé, il arrive un moment où nous n'avons plus qu'un désir : connaître l'Essence de notre être et y demeurer. Tout le reste, du brin d'herbe au monde céleste le plus élevé, n'a plus aucun charme pour nous. Tout semble dépourvu de substance.

Comme le dit Sri Ramana Maharshi :

« Les eaux s'évaporent de la mer et deviennent nuages, puis tombent sous forme de pluie et reviennent à la mer en tant que fleuves ; rien ne peut les empêcher de retourner à leur source. De même, rien ne peut empêcher l'âme qui émane de Toi de se fondre à nouveau en Toi, même si elle rencontre en chemin de nombreux tourbillons.Un oiseau qui s'envole et s'élève dans le ciel ne peut pas se reposer dans l'air, il doit retourner au sol. Ainsi, chacun doit retrouver sa voie et lorsque l'âme retourne à sa source, elle coule et s'unit à Cela, Ô Arunachala, Ô océan de béatitude ! »

–Huit Stances à Sri Arunachala, v. 8

Lorsque ce moment décisif de notre évolution est venu, un livre nous tombe entre les mains, ou bien nous voyons la photo d'un être comme Amma, ou encore nous entendons un de ses bhajans. Certains lisent peut-être pour la première fois la Bhagavad Gita, la Bible ou un autre texte sacré. Ils s'émerveillent, comme quand on se réveille d'un long sommeil. « Voilà, c'est ça ! Là est la véritable béatitude que je cherche ! J'ai enfin la réponse à mes doutes et à mes questionnements ! »

Combien de gens sont venus voir Amma, ont mis la tête sur son épaule ou ses genoux et à cet instant, ont eu un aperçu de la béatitude qu'ils n'avaient jamais ressentie, sinon peut-être quand ils étaient bébé, la béatitude du tout-petit dans les bras de sa mère, sans souci, paisible, plein de félicité.

Même les personnes âgées de soixante-dix ou quatre-vingts ans ont cette expérience dans les bras d'Amma. Elles semblent l'avoir oubliée, mais on ne peut pas dire qu'elles ne l'avaient jamais connue, même si elle est ancienne et date du temps où elles étaient bébé. Ainsi, ces personnes ont la chance de développer une inclination naturelle pour cette expérience et s'efforcent de la retrouver ; elles perdent peu à peu le goût des autres sources de soi-disant bonheur.

Le prince et le yogi

Un prince s'en va dans la forêt rencontrer un yogi, un *sannyasi,* et se prosterne devant lui, comme le font les gens en Inde. Quand il se relève, le yogi lui dit : « Assieds-toi je t'en prie. Puis-je te poser une question ? Pourquoi te prosternes-tu devant moi ? » « C'est, répond le prince, que vous êtes un homme de grand renoncement. Vous étiez roi, comme mon père. Vous avez tout quitté et vous êtes venu vivre ici, dans cette forêt, pour y faire des austérités. Vous méditez, vous répétez votre mantra un nombre incalculable de fois et vous menez une vie simple. Vous ne possédez qu'une tenue de rechange et vous vivez dans une hutte. Vous êtes donc bien plus évolué que moi, puisque vous avez renoncé à tout. C'est pourquoi je désire vous exprimer mon respect. »

Le Swami répond : « Écoute, si tel est le cas, c'est moi qui dois me prosterner et m'incliner devant toi, parce que tu as renoncé à quelque chose de beaucoup plus grand ; tous les moines du monde réunis n'ont pas autant de renoncement que toi. »

Le prince ne saisit pas : « Mais que voulez-vous dire ? Cela n'a aucun sens, je ne comprends pas. »

« Permets-moi de te poser une question : imagine quelqu'un qui possède un magnifique palais et qui ramasse toute la poussière accumulée à l'intérieur pour la jeter ; est-ce que tu appelles cela du renoncement ? A-t-il renoncé à la poussière ? »

« Non, il n'y a aucun renoncement là-dedans. Il n'a fait que rejeter des ordures inutiles. »

« Imagine maintenant qu'il ramasse toute la poussière, la garde, et qu'il jette le palais ? Comment qualifierais-tu cette personne ? »

« Eh bien, c'est un grand renonçant ; il a abandonné une chose précieuse ; c'est un vrai *sannyasi*. Le yogi dit : « Alors dans ce cas, tu es un grand renonçant car tu as accepté la poussière qu'est ce corps et tu a rejeté ton véritable Soi, le Dieu qui est en toi ; tu ne t'accroches qu'à la poussière. Qui a plus de renoncement que toi ? Je n'ai renoncé à rien ; je suis dans le palais de la Conscience divine, je ne considère pas ce corps, qui est virtuellement un tas de poussière, comme moi-même. Je n'ai renoncé à rien. J'ai simplement opté pour ce qui est le plus précieux. »

Dans la vie spirituelle, on découvre peu à peu quelque chose de supérieur et de plus satisfaisant que tout. On découvre ce qui est sublime : la Présence de Dieu, notre véritable nature. La majorité de l'humanité ne se soucie guère du sublime. La plupart des gens recherchent le plaisir, que ce soit celui du corps ou de l'esprit ; mais il existe une autre sorte de plaisir, c'est le plaisir sublime et raffiné que procurent la compagnie de *mahatmas* comme Amma, la lecture de livres sur la spiritualité, la méditation, les chants dévotionnels et les autres pratiques spirituelles.

La chaîne des habitudes

Ce qui nous donnait auparavant du plaisir perd son charme, nous recherchons d'autres joies, plus grandes, mais il se peut que le souvenir des plaisirs anciens et l'attirance pour eux persiste. Un diabétique a beau savoir qu'il ne doit pas manger de sucre, il n'est pas facile pour lui d'arrêter. Cela exige de la persévérance et de la discipline.

La connaissance doit être mise en pratique ; il y faut de la volonté. On a beau être convaincu des vérités spirituelles et s'efforcer d'atteindre des plans supérieurs de conscience, comme dit le proverbe, il est difficile d'enseigner de nouveaux tours à un vieux chien. Il n'est pas facile de faire disparaître les anciens modes de pensée et d'action ; ils sapent nos efforts pour sublimer le mental.

Amma donne l'exemple d'un tuyau percé pour indiquer comment nos efforts pour sublimer le mental risquent d'être sabotés par nos vieilles habitudes. L'eau qui s'échappe par les petits trous du tuyau réduit la pression. Si nous vivons dans une maison qui a plusieurs salles de bain et que tous prennent leur douche en même temps, là encore, la pression sera faible. Si nous sommes au troisième étage, nous n'aurons peut-être qu'un filet d'eau.

Ainsi, nous essayons d'élever nos pensées et notre attention à un niveau plus sublime grâce aux pratiques spirituelles, de garder notre mental dans les plexus situés au-dessus de l'abdomen, dans le cœur, entre les yeux ou en haut de la tête, où se trouve le lotus aux mille pétales, le siège de Dieu. Mais nos anciennes habitudes nous font redescendre vers le ventre et les régions plus basses.

Le corps est pareil à une maison à neuf trous, qui s'ouvrent sur le monde qui nous entoure. Sept sont situés dans la tête et deux plus bas. Par les différents trous du corps, c'est-à-dire par les différents organes des sens, notre conscience s'écoule constamment vers l'extérieur. Ce sont un peu les fuites qui réduisent la force de la conscience requise pour élever le mental vers des plans d'existence plus sublimes et en définitive, vers l'union avec Dieu, notre Source et notre véritable Soi.

Nous devons faire l'expérience de cette Lumière de béatitude plutôt que des objets des sens vers lesquels elle se dirige. Cela équivaut à nager à contre-courant pour remonter à la source d'une rivière. Faute de quoi, l'autre option est de rester à l'extérieur, dans le monde du plaisir et de la douleur.

La colère, le plus grand obstacle

La colère est un des plus gros obstacles au renoncement et à l'élévation du mental. Selon Amma, nous n'avons peut-être pas conscience du problème au moment où la colère se manifeste en nous, mais ensuite nous nous rendons compte qu'elle nous agite profondément et qu'elle engendre chez les autres de la peur et de la haine.

Une belle histoire met en scène Yuddhishtira, quelqu'un qui avait presque totalement maîtrisé la colère. C'était un empereur de l'Inde ancienne, il y a des milliers d'années ; il était cousin de Sri Krishna. Quand il était petit, il étudiait avec ses frères et ses cousins. Au bout de quelques mois d'école, le maître a décidé de leur faire passer un examen.

Il a appelé les garçons un par un et les a interrogés : « Bien, qu'est-ce que tu as appris? » Ils ont tous débité leurs leçons. Il

a fini par appeler Yuddhishtira pour l'interroger : « Et toi ? »
Yuddhishtira a répondu : » J'ai appris l'alphabet, et j'ai appris
la première phrase de mon cahier. » Surpris le maître a dit :
« C'est tout ? » Tu n'as appris qu'une seule phrase ? Il t'a fallu
quatre mois pour apprendre une phrase et l'alphabet ? Tes frères
et tes cousins ont lu de nombreux chapitres. Je croyais que tu
allais devenir un homme sage, le prochain empereur du pays. »

Yuddhishtira a répondu : « J'ai peut-être appris aussi la
seconde phrase. »

Alors le maître a décidé de lui inculquer un peu de bon sens
à coups de bâton ; il l'a frappé sur les bras et les jambes. Il s'est
mis très en colère et ne se maîtrisait plus. Cela a duré environ
cinq minutes et pendant tout ce temps, le petit garçon Yuddhishtira a gardé le même sourire innocent et plein de béatitude.

Et devant ce visage, le cœur endurci du maître a fondu.
Sa colère s'est évanouie, il a cessé de battre le prince et lui a
dit : « Pourquoi est-ce que tu ne te mets pas en colère ? Tu es
le prince du pays et tu as le pouvoir de me renvoyer. Je ne suis
qu'un maître. Quand je me suis mis en colère contre tes frères,
certains m'ont même battu. Alors pourquoi es-tu si heureux
et détendu ? »

C'est alors que son regard est tombé sur le cahier resté
ouvert sur la table de Yuddhishtira. La première phrase était :
« Ne te mets jamais en colère. » Il ne l'avait pas remarqué
auparavant. Il a compris que ce garçon, non seulement avait
mémorisé la première phrase, mais qu'il en avait aussi assimilé
le sens, tandis que lui, le maître, n'avait rien appris malgré toutes
ces années d'enseignement. Il a serré le garçon dans ses bras et
lui a demandé pardon.

« Je n'ai rien appris. Je suis censé être un professeur célèbre ; j'ai lu des centaines de livres mais je n'ai rien assimilé, tandis que tu as complètement assimilé la première leçon. »

Le garçon a répondu : « À dire vrai, pendant que vous me frappiez, j'éprouvais un peu de ressentiment. »

« Alors cela signifie que tu as aussi intégré la deuxième phrase, » a dit le maître. Quelle était-elle ? « Dis toujours la vérité. »

C'est cela, assimiler et mettre en pratique. C'est à ce point-là que nous devons intégrer un enseignement ; c'est à ce point-là qu'il faut maîtriser la colère. Imaginez-vous triompher de la colère au point de supporter que quelqu'un vous frappe ainsi de manière injustifiée ? Si quelqu'un nous insulte ou nous regarde de travers, ou encore trouble notre paix, nous avons tendance à nous mettre en colère. Il peut même arriver que dans notre furie, nous menacions d'attaquer l'autre personne ou de la tuer. C'est ainsi que commencent les guerres entre deux personnes, deux religions ou deux nations.

L'égoïsme, une autre "fuite"

L'égoïsme est une autre « fuite » qui nous attache à la terre et nous empêche d'accéder à des sommets spirituels. Nous essayons de réaliser notre vraie nature, notre Soi, qui est la conscience infinie, immortelle, ce que l'on nomme « l'âme » dans la philosophie occidentale. L'âme n'est pas un objet que nous possédons ou qui se trouve dans le corps. Nous *sommes* l'âme immortelle, et nous nous identifions par erreur au corps périssable. L'égoïsme nous berce dans le rêve de *maya*, la puissance universelle d'illusion qui dirige notre mental vers l'extérieur, loin du « Je » que nous sommes en réalité.

Nous avons tous rencontré des gens égoïstes ou même sadiques et méchants. Qui sait ? Telle est peut-être notre personnalité ! Il était une fois un homme extrêmement cruel, qui prenait plaisir àfaire souffrir ses employés. Il ressemblait au célèbre Scrooge (*personnage avare de la pièce de Charles Dickens, A Christmas Carol*). Il avait embauché un cuisinier mais il avait décidé que son employé se nourrirait des restes de ses repas ; il ne voulait pas qu'il savoure les mêmes mets que lui. Le premier soir, le nouveau venu a concocté un plat délicieux. Alors le maître, voyant cela, songea : « Il ne faut pas que le cuisinier y goûte ; il serait trop gâté. Je vais tout manger. »

Et il dit au cuisinier : « Je n'ai pas faim maintenant. Nous mangerons demain matin. » Il pensait que s'il attendait le matin, il aurait vraiment faim et serait capable de tout avaler seul, si bien que le cuisinier n'aurait plus rien. Il ajouta : « Mais voilà ce que j'ai décidé : celui de nous qui aura fait cette nuit le meilleur rêve aura le privilège de manger ce repas demain matin. »

« Très bien, » dit le cuisinier.

Le cuisinier n'était qu'un péquenaud, un paysan ignorant, se disait l'employeur. Jamais un simplet comme lui ne ferait un rêve extraordinaire ! La compétition allait être du gâteau (la bonne blague) !

Le lendemain matin, l'homme, impatient d'engloutir toute la nourriture, alla tout droit à la cuisine. Sur ce, le cuisinier arriva.

« Alors, dit son patron, qu'est-ce que vous avez fait comme rêve ? »

« Monsieur, dites-moi donc d'abord le vôtre. »

« J'ai rêvé que j'étais l'Empereur du monde. Le Président des Etats-Unis, le Premier Ministre d'Angleterre, le Roi et la Reine d'Espagne, tout le monde venait me voir et se prosterner devant moi. Même les dieux étaient en rang dans le ciel pour m'apercevoir. Les sages et les saints étaient là, à ma gauche et à ma droite, et tout le monde chantait mes louanges. » Le serviteur, en entendant ces paroles, se mit à trembler.

« Alors, quel rêve avez-vous fait? » dit son patron.

« Maître, je n'ai pas fait de rêve comparable. »

« Vraiment ? » L'homme riait intérieurement et se disait « Parfait, je vais m'enfiler tout le dîner ! » « Alors, racontez-moi votre rêve ! »

« J'ai fait un rêve affreux, un terrible cauchemar, dit le cuisinier. Un monstre hideux me poursuivait ; il m'a attrapé et il s'apprêtait à me tuer. »

Le maître sourit. « Oui, oui, et ensuite? »

« Et ce monstre a dit : « Je vais te tuer, à moins que tu n'ailles manger toute la nourriture qui est dans la cuisine. »

« Alors qu'est-ce que tu as fait ? »

« Qu'est-ce que je pouvais faire ? Je me suis levé, je suis allé à la cuisine et j'ai tout mangé. »

« Mais pourquoi tu ne m'as pas appelé ? » dit le maître.

« Monsieur, j'ai essayé, mais j'ai eu peur en vous voyant dans cette cour, entouré de tous ces personnages importants. J'ai eu peur qu'ils me demandent « Qui es-tu ? » ou même qu'ils me tuent, alors j'ai tout englouti. »

Nous n'en avons pas conscience, mais nos mauvaises actions, pensées et paroles font échouer nos efforts pour progresser spirituellement ; ce sont les « fuites » par lesquelles notre *sadhana* s'en va. Nous faisons de mauvaises actions dans l'espoir d'en retirer quelque avantage, mais en réalité, elles fonctionnent comme des boomerangs. Au minimum, elles renforcent le rêve de la vie et de la mort et rendent ainsi l'éveil plus difficile. Certains dévots ont le sentiment que malgré leurs efforts, ils ne progressent pas beaucoup. Ils se disent peut-être que Dieu ou le guru ne leur accorde pas sa grâce. Mais ils devraient plutôt examiner de près leurs pensées et leurs actions pour voir s'ils sont en harmonie avec la voie que montre le guru, ou bien s'ils agissent simplement à leur gré.

Le renoncement authentique, c'est de résister à nos vasanas néfastes et d'en cultiver de bénéfiques. Il ne suffit pas de quitter sa maison et sa famille ; où que nous allions, le mental nous accompagne. Pour certains, il est plus facile d'accomplir chez soi le travail méticuleux de la purification physique et mentale.

CHAPITRE 14

L'expérience de la grâce du guru

On dit que certaines âmes fortunées, au début de leur vie spirituelle, ont une vision de Dieu ou une autre manifestation de la grâce. Cette expérience ne dure généralement pas longtemps, et bien souvent elle ne se répète pas. Mais elle est si forte qu'elle demeure pour la personne une inspiration et un rappel pendant le reste de ses jours. Elle lui donne l'élan et l'énergie nécessaires pour avancer vers le but de la réalisation.

Au cours des trente-cinq dernières années, de nombreux dévots d'Amma nous ont confié leurs expériences de la grâce d'Amma ; elles varient selon chacun. Il semble que grâce à Amma, ce que seules quelques rares âmes avaient expérimenté dans le passé a été généreusement accordé à des millions.

On peut même affirmer qu'un des buts essentiels de la vie d'Amma est d'éveiller autant d'âmes que possible, grâce à son contact et à son étreinte divins. Ceux qui les ont reçus en gardent une impression si profonde qu'elle transforme leur vie. Voici l'exemple de deux dévots qui, dans un passé plus ou moins reculé, ont également reçu la grâce de leur guru.

Fort heureusement pour nous, leurs expériences ont été retranscrites pour la postérité. L'un d'eux était le sage Narada

Maharishi, dont l'histoire est racontée dans le Srimad Bhagavata Purana. Ce récit ancien mérite d'être lu attentivement car
il recèle de nombreuses sources d'inspiration pour les dévots
sincères. L'autre est un dévot russe du dix-neuvième siècle, dont
le guru était le grand Saint Séraphin. Son récit est probablement
unique dans les annales des expériences de Dieu obtenues par
la bénédiction du guru.

Au temps jadis vivait Narada Maharshi. Il était fils d'une
servante qui travaillait dans une communauté de brahmanes
védiques. Pendant la saison des pluies, de nombreux yogis
venaient y séjourner, comme c'était la tradition. Durant ce
temps, Narada, qui n'avait à l'époque que cinq ans, aida sa
mère à les servir tout en écoutant leurs conversations pleines
de sagesse.

Une fois qu'ils avaient terminé leur repas, il mangeait
leurs restes, nourriture sacrée, et son esprit jeune et innocent
fut ainsi purifié. Quand les sages partirent à la fin de la saison
des pluies, satisfaits de lui, ils lui donnèrent des enseignements
spirituels adaptés à son âge et à son tempérament. C'est ainsi
que la graine du détachement par rapport aux choses de ce
monde germa dans son esprit.

Sa mère mourut subitement d'une morsure de serpent,
et Narada demeura seul au monde. Au lieu de s'inquiéter, il
considéra cela comme une bénédiction divine qui le libérait de
tous les attachements et de toutes les dépendances ; il partit en
voyage et visita de nombreux lieux.

Un jour qu'il avait marché longtemps, il s'arrêta complètement épuisé auprès d'une rivière pour se rafraîchir, dans une
épaisse forêt. Assis sous un arbre, il médita dans son cœur sur le

Seigneur, comme les yogis le lui avaient enseigné. Peu à peu, le Seigneur se manifesta dans son esprit. Submergé de dévotion et de désir, il atteignit le *samadhi*. Soudain, l'expérience s'arrêta ; il eut beau s'efforcer de la retrouver, tous ses efforts furent vains.

Extrêmement agité et malheureux, il entendit alors la voix du Seigneur : « Ô Narada, je regrette de te dire que dans cette vie, tu ne pourras plus Me voir de nouveau. Je ne peux pas être vu par les yogis qui ne sont pas complètement libérés des passions du cœur. Ma forme t'a été révélée cette seule fois afin que ta soif pour Moi augmente, car plus tu aspires à Moi, plus tu seras libéré des désirs. »

Il n'est pas nécessaire de puiser dans un passé aussi distant pour rencontrer des dévots qui ont été bénis par Dieu ou par leur guru et ont fait des expériences qui nous insufflent de l'enthousiasme. Il est parfois plus facile de se relier à la vie et à l'expérience de grands dévots lorsqu'ils sont plus proches de nous dans le temps, comme Nicolas Motovilov, disciple proche de Saint Séraphin de Russie, un être réalisé qui vécut au dix-neuvième siècle. Il a eu une expérience directe de la grâce de son guru, qu'il a notée aussitôt pour le bien de l'humanité. Nicolas a imploré Séraphin de nombreuses fois, non seulement de lui expliquer la nature de la Grâce divine, mais de lui en accorder une expérience directe. Voici son récit :

Le Père Séraphin me prit fermement par les épaules. « Nous sommes tous deux en Présence de Dieu maintenant, mon fils, dit-il, pourquoi ne me regardes-tu pas » ? J'ai répondu : « Père, je ne peux pas regarder, parce que vos yeux sont éblouissants comme l'éclair. Votre visage est devenu plus lumineux que le Soleil et cela me fait très mal aux yeux. »

Le Père Séraphin a souri : « Ne t'inquiète pas, mon fils ! Tu es maintenant devenu aussi lumineux que moi. Tu es maintenant toi aussi dans la plénitude de la Présence de Dieu ; sinon, tu ne pourrais pas me voir tel que je suis. »

Puis il a penché la tête vers moi et a chuchoté doucement à mon oreille : « Remercie le Seigneur pour Son inexprimable miséricorde envers nous. Dans mon cœur, je L'ai imploré mentalement et j'ai dit en moi-même : « Seigneur, accorde-lui de voir clairement avec ses yeux de chair la descente de Ta grâce, que Tu accordes à Tes serviteurs quand Tu es satisfait et que Tu apparais dans la Lumière de Ta gloire splendide. Et tu vois, mon fils, le Seigneur a aussitôt exaucé l'humble prière de ce pauvre Séraphin.

Alors comment ne pas Le remercier pour le cadeau inexprimable qu'Il nous accorde à tous deux ? Mon fils, le Seigneur ne manifeste pas toujours Sa miséricorde de cette manière, même envers les plus grands ermites. Par cette grâce, Dieu, comme une Mère aimante, a voulu te réconforter. Mais mon fils, pourquoi ne me regardes-tu pas dans les yeux ? Regarde, et n'aie pas peur ! Le Seigneur est avec nous ! »

À ces mots, j'ai regardé son visage et j'ai été submergé d'une crainte sacrée encore plus intense. Imaginez, au centre du Soleil, dans la lumière éblouissante de ses rayons de midi, le visage d'un homme qui vous parle.

Vous voyez le mouvement de ses lèvres et l'expression changeante de ses yeux, vous entendez sa voix, vous sentez que quelqu'un vous tient les épaules mais vous ne voyez pas ses mains, ni vous-même ni sa silhouette, rien qu'une lumière aveuglante qui rayonne à plusieurs mètres à la ronde et illumine de son éclat étincelant à la fois le manteau de neige qui recouvre la clairière de la forêt et les flocons qui tombent et sur moi et sur le grand Ancien. Vous pouvez imaginez dans quel état j'étais !

« Comment te sens-tu, maintenant ? » a demandé le Père Séraphin.

« Extraordinairement bien. »

« Mais de quelle manière ? Décris ce bien-être. »

« Je sens en mon âme une tranquillité, une paix inexprimable. »

« Ceci est la paix dont parle le Seigneur quand Il dit à Ses disciples : « Je vous donne Ma paix ; non pas celle que donne le monde. » Le Seigneur donne à ceux qu'Il choisit cette paix que tu sens maintenant en toi, la paix dont il est dit qu'elle passe tout entendement. Indicible est le bien-être spirituel qu'elle engendre chez ceux dont Il en a rempli le cœur. C'est une paix qui provient de Sa générosité et non de ce monde, car aucune prospérité terrestre ne peut l'insuffler à un cœur humain ; elle est accordée par Dieu Lui-même, c'est pourquoi elle est appelée la paix de Dieu.

« Que ressens-tu encore ? » m'a demandé le Père Séraphin.

« Une extraordinaire douceur. »

« Cette douceur remplit nos cœurs et se répand dans nos veines, ineffable ravissement. Cette douceur fait pour ainsi dire fondre nos cœurs, et nous sommes tous deux remplis d'un bonheur tel que les mots ne peuvent l'exprimer. Que ressens-tu encore ? »

« Une joie extraordinaire dans le cœur. »

Le Père Séraphin reprit : « Quand la Présence de Dieu descend sur un être humain et l'éclipse par la plénitude de Son inspiration, alors l'âme humaine déborde d'une joie indicible, car la grâce de Dieu remplit de joie tout ce qu'Il touche. Que ressens-tu encore ? »

« Une chaleur extraordinaire. »

« Comment peux-tu sentir de la chaleur, mon fils ? Regarde, nous sommes dans la forêt. C'est l'hiver et la terre est recouverte de neige. Il y a plus d'un centimètre de neige sur nous, et les flocons continuent à tomber. Quelle chaleur est-ce donc ? »

« La même qu'aux bains turcs quand on verse l'eau sur la pierre et que des nuages de vapeur s'élèvent. »

« Et l'odeur, a-t-il demandé, est-ce la même qu'aux bains turcs ? »

« Non, il n'existe rien de comparable sur terre à ce parfum. Quand, du vivant de ma chère mère, j'aimais aller au bal pour danser, ma mère m'aspergeait de parfum qu'elle avait acheté dans les meilleures boutiques, mais aucun d'eux n'exhalait une telle fragrance. »

Et le Père Séraphin sourit doucement « Je le sais aussi bien que toi, mon fils, si je t'interroge, c'est pour voir si tu ressens les mêmes choses. C'est absolument vrai. Le plus doux des parfums terrestres ne saurait être comparé à celui-ci, car il s'agit de la fragrance de la Sainte Présence de Dieu.

Qu'y a-t-il de comparable à cela sur la Terre ? Tu m'as dit qu'il faisait aussi chaud autour de nous qu'aux bains turcs ; mais regarde : la neige ne fond pas, ni sur toi ni sur moi, ni sous nos pieds. Cette chaleur n'est donc pas dans l'air mais en nous. C'est cette chaleur même qui nous fait implorer le Seigneur : « Réchauffe-moi de la chaleur de Ta Sainte Présence ! » C'est ainsi que les ermites demeurent au chaud, sans crainte de la gelée de l'hiver, revêtus, comme de manteaux de fourrures, de ce vêtement tissé par la Sainte Présence, accordé par la grâce. Et c'est ainsi que cela doit être en réalité, car la grâce de Dieu demeure forcément en nous, dans notre cœur, puisque le Seigneur a dit :

« Le Royaume de Dieu est en vous. » Le Seigneur désigne par les mots « Le royaume de Dieu » la grâce de la Sainte Présence. Ce Royaume de Dieu est maintenant en nous, et cette grâce brille sur nous et nous réchauffe aussi de l'extérieur. Elle remplit l'air environnant de différents parfums, accorde à nos sens un ravissement céleste d'une grande douceur et emplit notre cœur d'une joie inexprimable. Notre état actuel est celui dont il est dit : « Le Royaume de Dieu n'est pas nourriture et boisson, il est ordre et harmonie, paix et joie en la Sainte Présence.

Notre foi consiste non dans les paroles plausibles de la sagesse terrestre, mais dans la démonstration de la Grâce et de la Puissance. C'est exactement l'état dans lequel nous sommes maintenant. Vois, mon fils, quelle joie indicible le Seigneur nous a maintenant accordée ! Voilà ce que signifie « être en la plénitude de la Sainte Présence. » Le Seigneur a maintenant comblé les pauvres créatures que nous sommes de la plénitude de Sa Grâce. Inutile désormais de demander comment il est possible d'être dans la Grâce de Dieu. »

CHAPITRE 15

Les larmes et la sadhana

J'avoue que j'ai hésité à écrire ce chapitre. Je sais ce que je ressens quand les gens me parlent longuement de leurs problèmes physiques, j'évite donc de raconter les miens. Je me demande comment Amma parvient à rester assise ainsi pendant des heures et des heures, et à écouter les problèmes que les gens lui confient.

Mais au fil des ans, de nombreux dévots m'ont demandé comment je réussissais à faire une *sadhana* en dépit de difficultés physiques handicapantes. Puisque beaucoup d'entre nous seront un jour où l'autre confrontés à ce défi, ce chapitre risque d'être utile à d'autres dévots et *sadhaks*. Je vous prie donc de faire preuve d'indulgence.

Ceux que cela n'intéresse pas voudront bien refermer le livre maintenant, puisque nous en sommes au dernier chapitre. Tant que je vivais aux États-Unis, je n'ai jamais été malade, en-dehors des maladies infantiles habituelles. Mais du jour où je suis monté sur le bateau à destination de l'Inde, à l'âge de dix-huit ans, toutes les difficultés ont commencé. J'avais décidé de prendre une croisière sur un cargo parce que c'était bon marché et tranquille.

Il fallut environ un mois pour arriver au Japon, en route vers l'Inde. Dès le premier jour, j'ai eu des troubles digestifs graves. Pendant dix jours, je n'allais pas aux toilettes et ensuite, soudainement, je devais m'y précipiter, où que je sois. Je n'avais pas la moindre idée de la cause du problème. Je me suis dit que c'était peut-être dû à l'eau ou à la nourriture sur le bateau, mais personne d'autre ne semblait avoir les mêmes difficultés, du moins parmi les gens que je connaissais.

Cela a continué pendant les deux premières années de mon séjour en Inde. C'était une préparation à ce qui devait venir ensuite. Sur le bateau, je me levais à 4 heures du matin, prenais une douche et montais sur le pont. L'atmosphère pure, la solitude du vaste océan me donnait de l'énergie. Là, je méditais et faisais du yoga pendant des heures, et je goûtais l'étonnante splendeur du lever du soleil.

Une fois arrivé à Tiruvanamalai, je me suis installé à l'ashram ; ma petite chambre ne disposait pas de toilettes, si bien que je devais tout à coup partir en flèche vers les toilettes publiques, quelle que soit l'heure du jour ou de la nuit. J'ai commencé à trouver que cela n'était pas normal et que je devais faire quelque chose. Cela ne perturbait pas réellement mes pratiques quotidiennes, mais j'étais un peu inquiet.

Je suis allé voir un médecin homéopathe proche de l'ashram ; il m'a donné quelques pilules et m'a dit de revenir un mois plus tard. C'est là que les vrais problèmes ont démarré. Dès que j'ai commencé à prendre ces remèdes, je me suis senti submergé de fatigue. Je pouvais à peine me lever le matin ou parcourir une courte distance. De plus, le problème de départ, pour lequel je suivais ce traitement, ne s'arrangeait pas.

Je suis retourné voir le médecin pour lui en parler mais il était sorti. Son fils me raconta que tous ses malades se plaignaient de la fatigue engendrée par les remèdes. Je décidai d'arrêter, mais la fatigue n'est jamais partie. Elle est encore présente aujourd'hui. J'ai essayé les vitamines, les aliments nutritifs, etc., etc., mais cela n'a eu aucun effet.

Puis j'ai cherché la guérison par l'allopathie, l'ayurveda, la naturopathie et la médecine unani (gréco-arabe), mais en vain. Jusqu'au moment où cette fatigue est apparue, j'avais le mental d'un adolescent américain normal, têtu, arrogant et désobéissant. Mon père était mort quand j'avais douze ans, il n'y avait donc eu personne pour me discipliner pendant les années de formation ; ma mère n'avait pas eu le cœur de le faire. C'est sans doute pourquoi j'avais développé cet état d'esprit. Curieusement, l'arrogance de la jeunesse fit place à un sentiment d'impuissance, puis d'humilité. Celle-ci m'apporta ensuite une certaine paix intérieure.

Tout cela arriva de manière assez soudaine. Ce fut le début d'une longue pratique : s'abandonner à la souffrance et tout accepter comme une bénédiction venant du Guru. Il était évident que je n'aurais jamais pu développer cette attitude intérieure par la seule *sadhana*. En outre, je m'étais imaginé, bien à tort, que les pratiques spirituelles me donneraient accès une puissance dépassant celle des êtres ordinaires. J'ignorais alors que la vraie spiritualité, c'est la destruction de l'ego, qui mène à l'infinitude de l'état sans ego. Je l'avais lu, certes, mais je ne l'avais pas du tout assimilé et mon esprit arrogant et immature l'avait mal interprété.

J'avais décidé de continuer à servir mon maître spirituel de l'époque, quelle que soit la difficulté de la tâche. Je faisais aussi une *puja* quotidienne et j'étudiais les Écritures. Tout me pesait, mais j'étais déterminé à continuer coûte que coûte ; j'étais convaincu que les difficultés venaient de Dieu, qu'elles avaient pour but de purifier mon mental et de me rendre fort spirituellement. Je décidai d'arrêter le yoga, car il me demandait beaucoup trop d'énergie.

Avec le temps, j'ai développé les problèmes suivants : mal au bas du dos, migraines fréquentes et douleurs abdominales. Lorsque mon maître quitta son corps en 1976, j'étais pratiquement confiné au lit. Je devais me déplacer à quatre pattes jusqu'à la cuisine pour prendre un peu de pain et de lait, les seuls aliments qui n'aggravaient pas mon mal de ventre. En dépit de tout cela, je m'efforçais de garder une attitude d'abandon à Dieu. Mon voisin a remarqué que je ne sortais plus du tout de la maison et il est venu me voir. En voyant à quel état j'étais réduit, il m'a proposé que sa femme cuisine chaque jour pour moi le repas du déjeuner. J'ai eu le sentiment que le Guru me l'avait envoyé dans ce moment d'épreuve, car sinon j'aurais très bien pu mourir de faim.

C'est à la même époque que j'ai eu l'occasion d'aller à Mumbai, voir Nisargadatta Maharaj, un sage qui avait

174

réalisé le Soi. Un dévot m'a aidé à faire le voyage. Quand j'ai rencontré Maharaj, je lui ai confié mes difficultés physiques. Il m'a dit :

> « Tu peux à peine t'asseoir, n'est-ce pas ? Cela ne fait rien. Chez certaines personnes, le corps tombe malade quand elles méditent et font d'autres pratiques spirituelles avec sincérité. Tout dépend de la constitution physique de chacun. N'abandonne pas tes pratiques, persévère jusqu'à ce que tu atteignes le but ou que le corps meure. »

Cela m'a rappelé les propos de Ramana Maharshi au sujet des maladies engendrées par la *sadhana*. Il avait un jour expliqué à un dévot que chez la plupart des gens, la force vitale coule vers l'extérieur, à travers les sens ; un chercheur spirituel s'efforce d'en renverser la direction, pour qu'elle revienne se fondre dans la source intérieure. Cela fatigue les nerfs, un peu comme quand on met une digue sur une rivière. Cette fatigue se manifeste de différentes manières, maux de tête, douleurs corporelles, troubles de la digestion, problèmes cardiaques et autres symptômes. Le seul remède est de continuer ses pratiques.

Il a aussi expliqué comment le Soi s'identifie au corps et comment il s'en détache et réalise sa vraie nature :

> « Il existe un "nœud" qui lie le Soi et le corps. Le corps est matière, le Soi est conscience. La conscience du corps naît grâce à ce lien. Tel un courant électrique invisible qui passe dans les

câbles visibles, la flamme de la conscience coule par les divers canaux ou nerfs du corps. C'est à cause de la conscience qui se répand en lui que l'on prend conscience du corps. Comme la conscience est présente dans tout le corps, on s'attache au corps, on considère le corps comme le Soi et on voit le monde comme séparé de soi-même.

Quand un homme emploie son discernement, quand il se détache et abandonne l'idée qu'il est le corps, il entre en lui-même avec une concentration parfaite pour connaître ce qui brille en tant que « Je », et il se produit un barattage des canaux. Grâce à ce barattage, le Soi s'en sépare et brille en s'accrochant au canal suprême. Quand la conscience demeure uniquement dans le canal suprême, alors le lien avec le corps est coupé et on est établi dans le Soi. »

—Ramana Gita

Revenu à l'ashram, je décidai d'oublier ma santé et de suivre le conseil de ce *mahatma* : continuer ma *sadhana* et m'abandonner, accepter. À cette époque, j'étais constamment alité. Entre la souffrance et l'attente, je commençais à déprimer. C'est alors justement que je découvris certaines paroles de Sri Anandamayi Ma, une femme du Nord de l'Inde qui était un *mahatma*. Ces paroles m'encouragèrent et me guidèrent. Elle dit :

« Dieu Lui-même se révèle dans une souffrance apparemment intolérable. Il est impossible de trouver la Mère divine tant que l'on n'a pas la foi que tout ce qu'Elle fait est le meilleur pour Son enfant. Une fois que le guru a accepté un disciple, il ne l'abandonne jamais, jusqu'à ce qu'il atteigne le but. Fais des efforts, va jusqu'aux limites de tes possibilités, si faibles soient-elles. Il est là pour achever ce qui n'a pas pu l'être. Efforce-toi de t'abandonner à Lui sans réserve. Alors tu n'auras ni chagrin, ni douleur, ni déception, ni frustration. L'abandon inconditionnel à Dieu est le meilleur des réconforts pour un être humain. »

Peu après, je me retrouvai aux pieds d'Amma. Bien que malade, j'avais le sentiment d'être au Paradis. Par la bénédiction d'Amma, je retrouvai un minimum de santé. J'étais capable de faire une grande partie du travail de l'ashram, quoiqu'avec de grandes difficultés. Grâce à son exemple et à ses conseils, j'ai appris peu à peu à ne pas trop me préoccuper du corps et à m'abandonner à la volonté de Dieu.

En 1990, Amma m'a envoyé dans son ashram près de San Francisco ; j'y ai donné des *satsangs*, des *bhajans*, des cours sur l'enseignement d'Amma à la lumière des Écritures de l'Inde ancienne, je rencontrais des dévots et j'écrivais des livres. C'était certes une lutte de tous les instants, mais j'avais le sentiment que c'était une grande bénédiction de pouvoir servir Amma de cette manière. Je suis resté jusqu'en

2001, mais les deux dernières années furent extrêmement douloureuses, avec des migraines persistantes plus terribles que tous les autres problèmes physiques. Je ne pouvais plus accomplir le travail pour lequel j'avais été envoyé ; je suis donc rentré en Inde.

Lors d'une visite à l'ashram aux États-Unis, Amma avait dit à l'un des dévots que j'avais le cancer. Je n'y avais pas prêté attention à l'époque, puisque je n'avais aucun symptôme. Une fois rentré en Inde, une boule est apparue derrière ma nuque. On finit par diagnostiquer un lymphome rare, une forme de cancer du sang qui attaque les ganglions lymphatiques. La littérature médicale disait qu'il n'existait pas de traitement efficace et que la durée de survie était d'environ trois ans. Quand je l'ai appris, j'ai été très malheureux.

J'ai alors décidé d'appliquer les leçons que j'avais apprises : l'abandon de soi et le détachement. J'ai pris le seul traitement existant, les stéroïdes, avec pour conséquence une prise de poids substantielle et une faiblesse accrue. Cela a duré sept ans. La plupart du temps, j'ai continué à lutter, à travailler à l'hôpital AIMS en faisant de la mise en page pour les publications, un travail que j'avais appris quand j'étais à San Francisco.

Au bout de sept ans, les stéroïdes ont cessé de faire effet et le lymphome s'est déclenché. Le médecin a suggéré une chimiothérapie, un traitement que j'ai suivi pendant quatre mois.

Après huit mois de rémission, le cancer est revenu, mais cette fois sous une forme guérissable à 90%. J'ai encore dû faire quatre mois d'une autre chimiothérapie, à la suite de quoi je suis entré dans une rémission qui dure encore aujourd'hui, cinq ans après. Malheureusement, j'ai gardé de tout cela une jambe enflée en permanence.

Tous les problèmes que j'avais lorsque je suis arrivé à Amritapuri en 1979 persistent, bien que sous une forme réduite. Il n'y a jamais de temps mort pour la pratique de l'abandon de soi et du détachement. Il semble que cette pratique constante induise peu à peu un état de sérénité, libre de toute crainte. N'est-ce pas l'ego, celui qui s'identifie au corps, qui s'inquiète et qui s'agite ? L'abandon de soi l'amenuise et l'anéantit.

Adi Sankaracharya, dont la philosophie de l'*advaïta vedanta* est la science de la réalisation du Soi qu'enseigne Amma, déclare :

> « Chercher le Soi tout en chérissant le corps périssable revient à tenter de traverser une rivière en s'accrochant à un crocodile. »

> –Vivekachudamani, v. 84

Celui qui a le bon karma de désirer échapper au cycle apparemment sans fin de la vie, de la mort et de la renaissance, doit prendre au sérieux l'enseignement des sages du passé, les paroles d'Amma et l'exemple de sa vie.

Tout le monde doit-il souffrir autant s'il cherche sérieusement le Soi ? Je l'ignore. Je crois que chaque *jīva,* chaque âme a son propre chemin pour retourner à Dieu. Heureux sont ceux qui ont pris refuge en Amma, qui peut les guider jusqu'au But et qui le fera, quel que soit le temps nécessaire. Quelles que soient les épreuves qu'il faut traverser, l'abandon de soi au guru, comme un bébé s'abandonne à sa Mère, est la seule voie royale vers la Libération.

Il est évident qu'Amma est toujours pleinement consciente de nos difficultés, bien qu'il lui arrive parfois de ne pas le montrer. Il y a de nombreuses années, dans les débuts de l'ashram, Amma rentrait d'une visite chez un dévot quand elle est venue vers moi. Elle m'a dit qu'elle avait pensé à moi et qu'elle avait alors composé un chant.

Il s'intitule *Ishwari Jagadishwari*.

O Déesse, Déesse de l'univers, Toi qui protèges,
Toi qui donnes la grâce et l'éternelle libération,
délivre-moi de la douleur.

J'ai vu les plaisirs de ce monde causer
tant de douleur. Ne me fais pas souffrir
comme le papillon de nuit qui tombe dans le feu.

Le nœud coulant du désir m'a lié par devant et celui
de la mort m'a lié par derrière. Quel dommage,
Ô Mère, que de jouer à les nouer ensemble !

Ce que l'on voit aujourd'hui, demain
ne sera plus. Ô Conscience pure, tel est Ton jeu.
La Réalité ne connaît pas la destruction.
Tout ce qui est destructible est éphémère.

Ne m'indique pas un mauvais chemin, Ô Toi
L'Éternelle, répands Ta Grâce sur moi.
Ô Mère, Toi qui détruis le malheur,
soulage-moi du poids de la douleur.

Ô Mère du monde, pour obtenir le fruit
de la vie humaine, je Te prie les mains jointes.
Ô Déesse du monde, Essence de toute chose,
je me prosterne à Tes pieds.

www.ingramcontent.com/pod-product-compliance
Lightning Source LLC
LaVergne TN
LVHW051737080426
835511LV00018B/3106